MICHELLE CABLING UND GNOEY PEAT

Crash Landing On You Buch

Ein Rückblick auf ein koreanisches Drama-Meisterwerk

Bartlet Book Publishing 2021

Second edition

ISBN: 978-621-96430-3-0

This book was professionally typeset on Reedsy.
Find out more at reedsy.com

GNOEY PEAT
MICHELLE CABLING

CRASH LANDING ON YOU BUCH

EIN RÜCKBLICK AUF EIN KOREANISCHES DRAMA-MEISTERWERK

Allen neuen und alten koreanischen Drama-Zuschauern, die von Tag zu Tag zahlreicher und mit jeder Folge neugieriger werden, widme ich diese Analyse. Es gibt eine Methode für den Wahnsinn, der das koreanische Drama ist. Sie haben es zuerst gespürt, bevor ich die "Gefühle" in Worte fassen kann. Mögen wir mehr K-Drama-Wunder wie die magische "Crash Landing on You" erleben!

An Bartlet, der unter weniger Spielzeit litt, während ich dieses Buch schreibe - ich bin zurück, lasst uns spielen, spielen.

"Die besten und schönsten Dinge der Welt
kann man nicht sehen oder gar anfassen - man
muss sie mit dem Herzen fühlen."

HELEN KELLER

Contents

Preface

Kritiker neigen dazu, TV-Dramen als minderwertiger als Filme zu betrachten. Asiatisches Drama wurde als seifig wahrgenommen, mit einem vorhersehbaren Skript, minderwertiger Produktion und lahmen Schauspielern. Dennoch kann niemand leugnen, dass sich die Welt verändert hat. Die Kategorie der TV-Dramaserien hat sich in vielerlei Hinsicht verbessert, da das Publikum immer mehr Wert auf fesselnde, frische Geschichten legt. Viele sind des üblichen Sex und der Gewalt überdrüssig geworden. Im Vergleich zum Film verlangt eine Fernsehserie vom Publikum mehr Zeitinvestition als ein normaler zweistündiger Film. Die Formel "Größer, lauter, besser" scheint zu alt und klischeehaft zu sein, denn die Zuschauer sind klug geworden.

Das koreanische Drama zum Beispiel bietet eine saubere Alternative zum Mainstream-Treibstoff. Es enthält schöne Geschichten, die in der Regel Drama, Action, Komödie, Fantasy, Spannung und Comedy in einer TV-Serie verweben. Mehr koreanische Dramen sind jetzt von hohem Produktionswert, sogar mit wöchentlicher Ausstrahlung (was eine enge Deadline bedeutet). Neue Vertriebswege wie Netflix, Rakuten und Viu (und andere kostenlose Seiten) haben zu einer globalen Reichweite für K-Dramen geführt. Während der Covid-19-Pandemie gewann das K-Drama neue Anhänger, da viele Menschen es entdeckten, während sie während der Sperrzeiten hauptsächlich zu Hause blieben.

Der Einfluss des K-Dramas auf die Mainstream-Kulturen, vor allem außerhalb Südkoreas, sollte mehr öffentlich diskutiert werden. Sie verdient eine ernsthaftere Diskussion und Untersuchung ihres Gesamteinflusses auf relevante Gespräche unserer Zeit. Auf diese Weise wird sie sich weiter verbessern und ihren Standard erhöhen und höherwertige Serien produzieren. Möge dieses Buch jeden K-Drama-Zuschauer dazu inspirieren, nicht nur zu fühlen, sondern auch daran zu denken, was in jeder Serie, die er sieht, gut ist, und zu äußern, was ihrer Meinung nach noch verbessert werden kann. Das ist der einzige Weg für diese geliebten K-Dramen, nicht nur zu überleben, sondern zu gedeihen und für lange Zeit zu bleiben. - Michelle Cabling, Autorin

Acknowledgement

Ein herzliches Dankeschön an die Besetzung und die Crew, den Produzenten, den Autor, den Regisseur und alle, die an Crash Landing On You beteiligt waren und gearbeitet haben. Wenn dieses bescheidene Buch Sie jemals erreicht, schreiben Sie bitte Ihren Namen auf das freie Feld unten.

Wir danken Ihnen sehr,

––––––––––––––––––––––––––––––––––

für die Teilnahme an der Meisterwerk-Serie -

"Bruchlandung auf dir"

One

Magnum Opus Skriptor

DREHBUCH: PARK JI-EUN

Die Geschichte und ihr erster Aufhänger

Die Chaebol[1]-Erbin Yoon Se-ri hat durch ein Missgeschick beim Gleitschirmfliegen eine Bruchlandung in einem nordkoreanischen Dorf hingelegt. "Crash Landing On You" erzählt die Geschichte ihrer Suche nach der Rückkehr in die Heimat. Dabei fällt sie buchstäblich (und im übertragenen Sinne) in die Arme eines nordkoreanischen Militärkapitäns, des zurückhaltenden Ri Jeong Hyeok. Auch bekannt als Hauptmann Ri (Lee), will er alles tun, um sie zu beschützen und sie vor Gefahren zu bewahren. Eine Liebesgeschichte, die wegen des langwierigen Krieges zwischen den Ländern von Anfang an zum Scheitern verurteilt war; daher machte der unwahrscheinliche Happy-End-Schluss die Serie noch spannender zu verfolgen.

Park Ji-Eun verwöhnte die Zuschauer in dieser 16-episodigen Serie mit einem doppelten Handlungsstrang, der sorgfältig miteinander verwoben und

---

[1] *ein familienkontrolliertes Industriekonglomerat in Südkorea:* Quelle: Merriam Webster Wörterbuch

zu einer soliden Geschichte zusammengefügt wurde. Die erste Hälfte (1-9 Episoden) erzählt, wie Yoon Se-ri versucht, nach Südkorea zurückzukehren, während sich die andere Hälfte auf Hauptmann Ri (Lee) konzentriert, der Yoon Se-ri beschützt. Es ist ein vertrauter Plot, und manche mögen sagen, langweilig, als eine romantische Geschichte von unglücklich Verliebten, die gegen alle Widrigkeiten kämpfen. Der Hauptwunsch der weiblichen Hauptfigur war es, nach Südkorea zurückzukehren. Die Erzählung drehte sich um die unzähligen Hindernisse, die zu vielen gescheiterten Versuchen führten, nach Seoul zurückzukehren. Die Einfachheit des Ziels der Protagonisten, gespickt mit kniffligen Hindernissen dazwischen, macht es zu einer fesselnden Geschichte, die es zu verfolgen gilt. Ein nordkoreanischer Mann und eine südkoreanische Frau, deren Wege sich kreuzen, damit das Schicksal sich entfalten kann, und der berüchtigte Mr. Fate, der in ihr Leben tritt, sind ein faszinierender Aufhänger.

Bildquelle: Netflix - Yoon Se-ri fiel vom Baum in die Arme von Kapitän Lee/Ri, nachdem sie in Nordkorea eine Bruchlandung gemacht hatte. Eine nord- & südkoreanische Begegnung ist der erste große Aufhänger von "Crash Landing On You".

Gefangen in Nordkorea, zog die hohe Einsatzbereitschaft des Protagonisten die Zuschauer in diese Serie. Eine berechtigte Zwangslage, mit der sich die Zuschauer leicht identifizieren können. Viele von uns haben wenig Ahnung vom Leben in Nordkorea, geschweige denn vom Schicksal derer, die in seinem Territorium gefangen sind. Was würden Sie tun, wenn Sie vermisst würden und sich auf nordkoreanischem Boden wiederfänden? Das Publikum konnte nicht anders, als mit Yoon Se-ri mitzufiebern, damit sie es in einem Stück zurück nach Seoul schafft. Eine Situation, in der es um Leben und Tod geht, hat das Publikum absolut begeistert. Gepaart mit der Aussicht auf eine vielversprechende Romanze auf dem Weg dorthin, war die Aufmerksamkeit der Zuschauer von Anfang an geweckt.

Meisterhaft kuratierte Szenen

Das gesamte Drehbuch ist ohne Zweifel ein intelligent geschriebenes Meisterwerk. Es war weder faul und hastig geschrieben, noch hat es sich irgendwelche Szenarien leicht gemacht. Es resultierte in vielen einzigartigen Szenen. Da jeder Teil ausreichend durchdacht ist, ist kaum eine Szene entbehrlich. Szenen flogen von einer zur nächsten mit einer cleveren Verknüpfung zu einem Schlüsselwort oder einem Bild. Diese pfiffigen Verweise zeigen sinnvolle Zusammenhänge zwischen den Szenen. Es ist, als würde man ein chef-d'œuvre[2] serviert bekommen, bei dem man nicht anders kann, als sich respektiert und würdig zu fühlen. Ein Beispiel für eine solche kluge Verknüpfung war, als Yoon Se-ri in den Tornado geriet und verschwand. Ihr Büroleiter Hong Chang-Sik hielt verzweifelt nach ihr Ausschau. Er rief unter Tränen aus: "Wie hoch sind Sie denn gestiegen, Chefin?" In der nächsten Szene hing Yoon Se-ri nur noch an einem Waldbaum - nicht so hoch, wie Hong Chang-Siks Worte es vorausahnen ließen.

Jedes Szenario hat einen klaren Zweck, eine bestimmte Emotion beim Zuschauer hervorzurufen. Jede Szene ist nie zu lang, um ermüdend zu sein, oder zu kurz, um sinnlos zu sein. Der Film ist voller Unterhaltungswert,

---

[2] *ein Meisterwerk, besonders in der Kunst oder Literatur.* *Quelle: Merriam Webster Wörterbuch*

verwendet aber nicht die übliche Formel. Es fällt den Zuschauern schwer, aus der Fülle an frischen und einprägsamen Szenen eine Lieblingsszene zu nennen.

Viele unvorhersehbare Drehungen und Wendungen

"Crash Landing On You" ist voll von unerwarteten Wegen. Niemand konnte ahnen, wie Yoon Se-ri schließlich aus Nordkorea herauskommen wird, selbst nach vielen gescheiterten Versuchen. Die Schlussszene von Folge 9 zum Beispiel brachte Yoon Se-ri schließlich zurück nach Südkorea. Dennoch ließ die Kussszene am Ende den Zuschauer glauben, dass Hauptmann Ri (Lee) übergelaufen ist, da er während des Kusses die Grenze überquerte. Die nächste Szene zeigt, dass Hauptmann Ri (Lee) die versteckte Nachricht entdeckt, die Yoon Se-ri in seinem Bücherregal hinterlassen hat. Ein Beweis dafür, dass er nicht übergelaufen ist. Die Zuschauer waren gespannt, wie sich das Paar wieder treffen würde.

Außerdem waren die wichtigeren Fragen, wie sie am Ende zusammenkommen werden und ob sie angesichts der unüberwindbaren Barriere überhaupt zusammenkommen sollen. Die letzte Folge hatte den unvorhersehbarsten Punkt der Serie. Während beide Protagonisten ihre Ziele erreichten, ließ es den Zuschauer immer noch die Hoffnung auf ein glückliches Zusammenleben der beiden. Solch ein Füllhorn an unerwarteten Ereignissen fesselte die Zuschauer Woche für Woche an ihr Sofa. Während koreanische Dramen dafür bekannt sind, solche Unvorhersehbarkeiten zu haben, hat "Crash Landing On You"-Autor Park sie auf das höchste Niveau gebracht, sehr zur Freude des Publikums.

Sui Generis-Szenen

Wenn man viele Liebesfilme gesehen hat, erkennt man schnell, dass eine weitere klischeehafte Szene kommt. "Crash Landing On You" unterscheidet sich davon immens, da er frische Dialoge und nie zuvor gesehene Konversationen in Hülle und Fülle verwendet. Außerdem brauchte der Autor keine sexuellen

Untertöne, um das Publikum in seine Geschichte zu verwickeln.

Alle schmollenden Szenen von Ri Jeong Hyeok wurden als sui generis[3] eingestuft. Er tat dies nur wenige Male in der Serie, dennoch war es keineswegs ermüdend. Zum Beispiel als Ri Jeong Hyeok die kapitalistische Natur von Yoon Se-ri's Herz erkannte. Oder als er schmollte, nachdem er von ihr eine Standpauke über sein exzessives Spielen eines Computerspiels gehört hatte. Sogar die Ring-Szene des Paares, die in jedem anderen koreanischen Drama vorkommt, wurde mit einem solchen Geist der Neuheit geschrieben. "Crash Landing On You" enthielt eine umfangreiche Sammlung von originellen Szenen, dass es ein Vergnügen ist, ihn anzusehen.

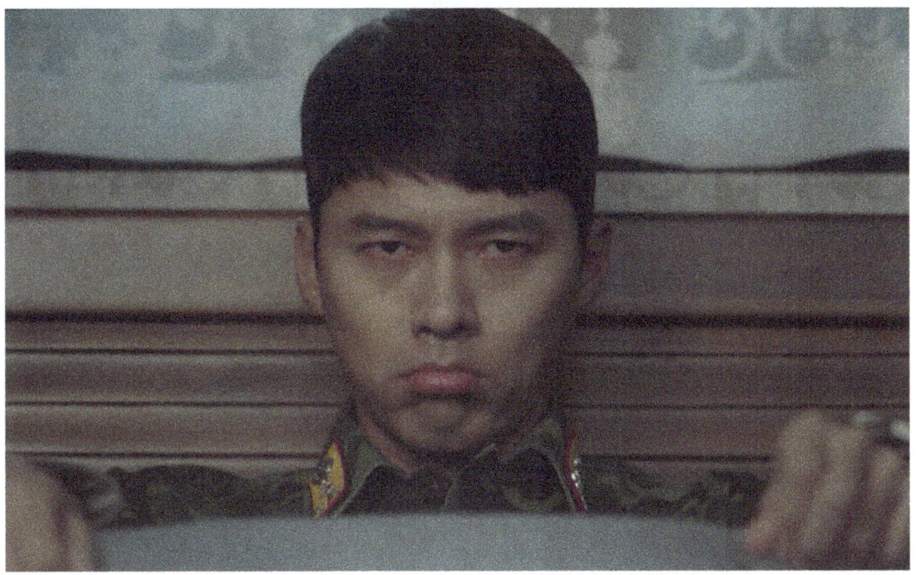

Bildquelle: Netflix - Dies ist eine der Schmollszenen, die in der Hit-Serie populär sind

Einige dieser unglaublichen Szenen der eigenen Klasse sind:
Seri's Awarding Ceremony, ep 1
Die Verleihung von Auszeichnungen und Preisen an die Truppen durch

---

[3] *eine Klasse für sich bildend : einzigartig, eigenartig.* Quelle: Merriam Webster Wörterbuch

Yoon Seri war eine so süße und durchdachte Geste ihrerseits. Die Reaktion eines jeden Soldaten auf die Auszeichnung und die von ihm gewählte Belohnung sorgten für Momente der Unschuld und des puren Spaßes. Die unbezahlbare Reaktion von Hauptmann Ri (Lee), weil er keine Auszeichnung bekam, war sehr charmant. Er erhielt ein besonderes Geschenk von Yoon Se-ri, eine Tomatenpflanze, die er pflegen musste, indem er jeden Tag zehn nette Worte aufsagte. Das war eine schöne Wendung, die er nie gewollt hatte, die er aber trotzdem sehr zu schätzen wusste.

Falling into Captains Ri's Arms, ep 1

Yoon Seris Fuchteln mit Händen und Füßen war eine originelle Darstellung von jemandem, der Aufmerksamkeit sucht, indem er an einem Baum hängt. Diese spezielle Szene balancierte auch den Ton der Geschichte von einem gefährlichen zu einem unbeschwerten aus. Son Ye Jins perfekte Darstellung des Sturzes vom Baum in die Arme von Hauptmann Ri (Lee) war so großartig, wie diese Serie nur sein kann.

'Unboxing' Szene, ep 2

Yoon Se-ri's 'unboxing' einer Tasche voller essentieller Dinge von Kapitän Ri (Lee) und wie er diese Contrabänder auf dem Markt erworben hat, war eine weitere spannende Sequenz. Obwohl selten in einer Komödie zu sehen, ist Son Ye Jins herausragende komische Schauspielkunst großartig. Auch die unbeholfene und aufrechte Art von Kapitän Ri (Lee) bei der Beschaffung der Kontrabänder war ein wahrer Genuss.

Fake Your Affection Or Else, ep 2

Yoon Se-ri verfolgt immer, was sie will und bleibt dabei ein liebenswerter Charakter. Die Situation, die sie geschaffen hat, war so trivial - sie drohte damit, im Dorf zu bleiben, wenn Kapitän Ri (Lee) nicht vor den Nachbarn warme Zuneigung vortäuscht. Hauptmann Ri (Lee) war so in seinem Element, dass er stoisch auf die kleinlichen Forderungen von Yoon Se-ri reagierte, was ihn zu einem liebenswerten Charakter machte.

Prägnant geschriebene Handlungsbögen

Storybögen stellen den Szenenfluss von Anfang, steigender Handlung, Höhepunkt, fallender Handlung und Ende dar. In episodischen Serien folgt jede Episode tendenziell einem Handlungsbogen oder dem Anstieg und Fall der Spannung als Handlungsfluss. In "Crash Landing On You" endet jede Episode in einem Cliffhanger. Der Zeigarnik-Effekt setzt ein und der Zuschauer wartet sehnsüchtig auf die Fortsetzung. Der Verstand wird die ungelöste Aufgabe oder Geschichte nicht vergessen, ein endgültiges Ende mit offener Interpretation für den Zuschauer ist nie eine gute Idee, um das Publikum zu begeistern.

Cliffhanger-Enden

1 Wird sie bestraft werden?
Yoon Se-ri legte eine Bruchlandung auf nordkoreanischem Gebiet hin. Als sie versuchte, nach Südkorea zurückzukehren, scheiterte sie kläglich

2 Yoon Se-ri wurde schließlich von dem unbarmherzigen Offizier entdeckt.
Wird sie bestraft werden?

3 Yoon Se-ri schmiedete einen Plan mit den Nordkoreanern, scheiterte aber und wurde stattdessen erwischt
Wird sie bestraft werden?

4 Yoon- Se-ri wurde auf dem Markt verloren
Wird sie geistig stark genug sein, um zurück nach Seoul zu fliehen?

6 Hauptmann Ri wurde erschossen
Wird er sterben?

5 Kapitän Ri erwischte einen Mann, der Yoon Se-ri im Fahrstuhl festhielt.
Ist sie in Gefahr?

7 Yoon Se-ri's Geheimnis wurde von Seo Dan, der Verlobten des Kapitäns, gelüftet
Wird Yoon Se-ri jetzt aufgedeckt und jetzt bestraft werden?

8 Yoon Se-ri wurde weggebracht
Wird sie sterben?

9 Yoon Se-ri finally went back to Seoul
Will they ever meet again?

10 Ri Jeong Hyeok hat sich in Südkorea eingeschlichen
Wird er gefasst werden?

11 The villain was after Yoon Se-ri
Will Yoon Se-ri be in serious danger?

12 Yoon Se-ri hat Ri Jeong Hyeok gehen lassen
Wird sie wieder gesund?

13 Yoon Se-ri wurde angeschossen
Wird sie sterben?

14 Kapitän Ri fand den Bösewicht, aber auch die südkoreanischen Behörden erwischten ihn
Wird er bestraft werden?

15 Yoon Se-ri's Gesundheit hat sich zum Schlechteren
Wird sie sterben?

16 Yoon Se-ri und Jeong Hyeok sahen sich nach drei Jahren in der Schweiz wieder
Wird es ein Happy End geben?

Jeder Handlungsbogen in "Crash Landing On You" ist so gut durchdacht. Die Entwicklung der Situation in jeder Episode ist bedeutend genug, um zu vermeiden, dass sie langweilig wird, was zu Desinteresse beim Zuschauer führt, das normalerweise durch das langsame Tempo verursacht wird. Die Autoren haben keine Episode als selbstverständlich hingenommen und dafür gesorgt, dass die hohe Schreibqualität durchgängig erhalten blieb. Der hohe positive Zuspruch, den jede Episode erfährt, ist nicht nur ein Glücksfall von ein paar gelungenen Szenen. Exzellentes Schreiben auf Schritt und Tritt führt die Zuschauer auf einen Weg, auf dem sie keine andere Wahl haben, als dem Autor mit Freude zu folgen.

Perfektes Pacing

Die Zuschauer sind Meister darin, ein langsames Tempo der Sendung zu erkennen. Sie werden es schnell spüren, und das ist der kritische Punkt, an dem sie sich von der Welt, die sie/er gerade sieht, lösen werden. Bei einer langen Serie mit 16 Episoden von jeweils 70 Minuten Länge (außer der 16. Episode mit 120 Minuten) ist das Tempo wichtig. Der Zuschauer wird die Spannung verlieren oder schlimmer noch, die Serie verlassen, wenn sie zu langsam ist, oder verwirrt werden, wenn sie zu schnell ist. "Crash Landing On You" ist eine gut ausbalancierte Serie.

Jede Episode bringt die Charaktere ihrem Ziel näher, löst eine Spannung auf, lässt aber gegen Ende eine weitere Spannung aufkommen, während sie die erste Szene für die darauffolgende Episode aufbaut. Es war nie langsam oder schnell in der Entwicklung der Geschichte, auch wenn viele andere Charaktere ihre eigene Geschichte erzählen. Die finale Episode ist mit ca. 120 Minuten deutlich länger und mit einem durchschnittlichen Film vergleichbar. Trotzdem hatte man nicht das Gefühl, dass es sich um eine verlängerte Episode handelt, da die Auflösung des Handlungsbogens jedes Charakters ganz natürlich ablief.

Kluge und witzige Dialoge

Das ultimative Maß für exzellente Dialoge ist, wenn die Zuschauer sich lebhaft an diese Szenen erinnern und in einigen Fällen die tatsächlichen Zeilen rezitieren können. Das Dilemma bei der Vorbereitung von Unterhaltungen besteht darin, dass man einerseits nachvollziehbare, aber nicht fremdartig klingende Sätze verwenden muss und andererseits keine vorhersehbaren, einschläfernden Dialoge verwenden darf. Es muss wahrscheinlich und doch unerwartet sein; möglich und doch unvorhersehbar. Kurz gesagt, es muss tadellos für ein anspruchsvolles Publikum geschrieben sein. Jede Zeile in "Crash Landing On You" wurde mit einem ausdrücklichen Ziel geschrieben und in den meisten Fällen mit einer anderen Szene in der vorherigen oder zukünftigen Episode verbunden. Der Autor Park ist einfach sehr geschickt darin, Dialoge zu einer zusammenhängenden, dichten Geschichte zu verknüpfen.

Es ist auch eine Herausforderung, in nur einer Serie in vielen Genres effektiv zu sein. Theoretisch ist es umso besser, je mehr man sich auf ein Genre konzentriert. "Crash Landing On You" liefert einen exzellenten Schreibstil, der herzzerreißende Verfolgungsjagden und Action, komödiantische Erleichterung, romantische Momente und Drama, das Eimer mit Tränen füllt, einwandfrei vermittelt. Die Herzen der Zuschauer rasten bei den intensiven Actionszenen, lachten viel über die Komik, freuten sich für das liebende Paar und weinten bei jeder schmerzhaften Szene. Nur eine Handvoll koreanischer Serien lieferte so viel, so großartig.

Hier sind einige der Dialoge, die den Zuschauern spontane Emotionen entlockten.

Priceless Comedy

In Folge 2 zwingt Yoon Se-ri Kapitän Ri geschickt dazu, vor den Nachbarn seine Zuneigung zu ihr vorzutäuschen. Sie droht ihm schelmisch damit, Nordkorea nicht zu verlassen und ihn einfach zu heiraten, da er ihr ultimativer Typ ist. Nicht nur, weil Hauptmann Ri das in voller Scham tut, sondern auch wegen der unsäglichen Reaktion der Leute, die ein Tabu sehen, ist es so urkomisch. Yoon Se-ri lässt sich von deren Reaktion nicht beeindrucken und hüpft freudig und mit einem großen Erfolgserlebnis zurück ins Haus.

Bildquelle: Netflix | Die Szene, in der Yoon Se-ri Kapitän Ri (Lee) bedroht, um eine warme Zuneigung zu ihr vorzutäuschen, ist eine der lustigsten Szenen in "Bruchlandung auf dir"

Bildquelle: Netflix | Die Szene, in der Yoon Se-ri Kapitän Ri (Lee) bedroht, um eine warme Zuneigung zu ihr vorzutäuschen, ist eine der lustigsten Szenen in "Bruchlandung auf dir"

Yoon Se-ri: "Wir sind sowieso verlobt, also können wir genauso gut einfach heiraten. Ich habe dir doch gesagt, dein Gesicht ist genau mein Typ."

Kapitän Ri fasst sich entsetzt an die Haare.

Yoon Se-ri: "Olaa, Schatz!" Und gibt ein sehr freches Lächeln von sich.

Kapitän Ri (Lee): "Ich gehe jetzt."

In Folge 4 musste sich Hauptmann Ri den beiden Soldaten Pyo Chi Su und Kim Ju-Myeok anvertrauen, nachdem er ein Handherz von Yoon Se-ri erhalten hatte. Er erkundigte sich nach der Bedeutung der Geste und war dementsprechend erschrocken, als er die wahre Bedeutung des Symbols erfuhr. Pyo Chi Su versicherte ihm, er solle sich keine Sorgen machen, denn "es ist ja nicht so, dass er verheiratet oder verlobt ist". Das Gesicht von Hauptmann Ri (Lee) konnte die Tatsache, dass er verlobt ist, nicht verleugnen. Die Soldaten riefen unisono aus: "Sie wollen?"

Seo Dans Mutter und Onkel waren in Folge 5 ein großartiges komödiantisches Team-up. Hauptmann Ri (Lee) fuhr Seo Dan schließlich zurück nach Pyongyang und wurde gezwungen, mit Seo Dans Familie zu Abend zu essen.

Kapitän Ri: "Es ist schon eine Weile her. Es tut mir leid, dass ich so spät komme."

Dans Mutter: "Sagen Sie das nicht. Es ist überhaupt nicht spät.

Was spät ist, ist eure Ehe."

Am Esstisch:

Dans Mutter: "Alle Heiratsvermittler haben irgendwie herausgefunden, dass Dan aus Russland zurückkam und mich angefleht, dass sie sie nur einmal sehen wollen. Ich habe ihnen gesagt, dass sie bereits verlobt ist, aber sie waren so hartnäckig."

Onkel: "Hartnäckig? Wer ist das? Ich meine, ich habe noch nie etwas davon gehört."

Auch der Vater von Hauptmann Ri (Lee) zeigte in Folge 9 einige potente komische Bomben. Obwohl sein Charakter ein ernster, militärischer Mann war, war seine Konversation mit Yoon Se-ri voller Spaß.

Vater: "Also sag mir, was ist deine Absicht, dich Ri Jeong

Hyeok zu gehen und bei ihm zu bleiben?"

Yoon Se-ri: "Zweck? Das ist absolut unfair."

"Mister, bitte denken Sie darüber nach. Ich leite eine Firma in Südkorea … das mag wie Prahlerei klingen, aber wir haben 14 Filialen in Übersee. Warum sollte ich hierher gehen und mich in Schwierigkeiten bringen? Ich bin nur ein unschuldiger Bürger von Seoul, der sich Gedanken darüber gemacht hat, was ich mit all dem Geld machen soll und ob ich das ganze Geld jemals benutzen kann, bevor ich sterbe."

Spektakuläre Epiloge

Der Autor von "Crash Landing On You" schrieb auch viele starke Epiloge. Diese hinzugefügten zusätzlichen Szenen machten die Geschichte saftiger und fesselnder. Es ist ein brillanter Schachzug, einen anderen Blickwinkel auf eine zuvor gezeigte Szene oder eine relevante Rückblende zu zeigen. Es macht den Zuschauern Appetit auf weitere Episoden.

Episode 1 - Dieser Epilog ist sehr besonders, da er bestätigt, dass Yoon Se-ri Ri Jeong Hyeoks Herz zum Flattern gebracht hat. Er hat sich erlaubt, ein Lächeln herauszulassen, noch bevor er sie getroffen hat. Zu dieser Zeit hat Ri Jeong Hyeok sein Leben ohne potenzielles Glück gelebt, weil sein Bruder zu früh gestorben ist.

Episode 2 - Yoon Se-ri und Ri Jeong Hyeok waren vor etwa sieben Jahren genau zur selben Zeit am selben Ort in der Schweiz. Beide standen nebeneinander und beobachteten die Gleitschirmflieger in einer Ausstellung. Daraufhin riefen beide staunend "whoa". Es war eine Offenbarung für die Zuschauer, dass sie sich in der Vergangenheit in einem anderen Land begegnet sind.

Episode 3 - Ri Jeong Hyeok sagte zehn nette Worte zur Pflege der Tomatenpflanze auf. Nostalgie umhüllte Ri Jeong Hyeok, als er das Wort "Klavier" sagte. Es war ein einfaches, aber brillantes Schauspiel von Hyun Bin, positive Worte zu rezitieren, aber gleichzeitig Traurigkeit, Hoffnung und Sehnsucht zu vermitteln.

Bildquelle: Netflix | Der Epilog, in dem Captain Ri (Lee) dem Tomatenbaum zehn Worte aufsagt

"Meer.

Sonnenlicht.

Azalee.

Tautropfen.

Flauschige Wolke.

Calico-Katze.

Rose.

Windhauch.

Erster Schnee.

Klavier."

Epilog 4 - Yoon Se-ri und Ri Jeong Hyeok trafen sich schließlich von Angesicht zu Angesicht auf einer Schweizer Brücke. Es war genau die Stelle, an der Se-ri vorhatte, von der Brücke zu springen. Ri Jeong Hyeok bat sie, Fotos von ihm und Seo Dan zu machen, und hielt sie so davon ab, von der Brücke zu springen.

Epilog 7 - Ri Jeong Hyeok spielte am Hafen in der Nähe des Iseltwaldsees in der Schweiz auf dem Klavier. Er spielte das Lied, das er für seinen Bruder geschrieben hatte, zum ersten Mal. Yoon Se-ri hörte das Lied, als sie über ihr Leben nachdachte, und das Lied diente ihr als Trost, als sie beschloss, weiterzuleben.

Epilog 9 - Ri Jeong Hyeok fand eine herzerwärmende Nachricht auf seinen Büchern im Regal, die Yoon Se-ri so umstellte, dass sie "Ich liebe dich, Ri Jeong Hyeok" lautete. Sie signalisierte auch, dass er nicht nach Südkorea übergelaufen war.

Epilog 12 - Ri Jeong Hyeok hörte die Aufnahme von Yoon Se-ri und erinnerte sich an den Moment in der Schweiz. Da wurde ihm klar, dass das Schicksal sie tatsächlich zusammengeführt hatte.

Epilog 14 - Ri Jeong Hyeok nahm das Lied "Song for my Brother" auf, wie er es auf dem Klavier spielte. Er bat sie, immer dann Blockflöte zu spielen, wenn sie nicht schlafen konnte, anstatt Schlaftabletten zu nehmen. Er füllte auch ihre Speisekammer mit gesunden Zutaten auf und sagte ihr, dass sie so leben sollten, als ob sie sich am nächsten Tag wiedersehen würden. Es ist eine Vorahnung des Unvermeidlichen - dass er irgendwann Südkorea verlassen wird.

Epilog 15 - Das Paar genießt einen Spaziergang im Park unter dem Regen in Seoul. Eine Szene, in der sie die Gesellschaft des anderen genossen und als süßes Paar Zeit miteinander verbrachten.

Wunderschönes Ende

Bei großen Enden geht es nie um ein glückliches oder trauriges Schicksal der Figuren. Das ist gegeben und wird aufgrund der Werte, die sich in der Geschichte widerspiegeln, erwartet (Gerechtigkeit für die Guten,

Bestrafung für die Bösen). Wichtig ist, wie man zu einem für den Zuschauer befriedigenden Ende kommt. Das richtige Ende zu finden, ist eine große Herausforderung in koreanischen Dramen. Viele fingen großartig an, fielen aber flach, wenn es darum ging, ein befriedigendes, wohlverdientes Ende zu geben. Da die Zuschauer 16-30 Stunden für eine ganze Serie investieren, ist die Erwartung an ein befriedigendes Ende sehr hoch. Heutzutage hinterlassen die Zuschauer online in Echtzeit Kommentare darüber, was sie über die Serie denken und fühlen. Solche Rückmeldungen beeinflussen die Gesamtrezeption und -leistung der Serie.

Es ist eine heikle Balance, ein Ende zu liefern, das akzeptabel und befriedigend, aber in keiner Weise vorhersehbar ist. "Crash Landing On You" bot einen atemberaubenden und unerwarteten Abschluss. Das Hauptpaar wurde in der Schlussszene in atemberaubenden Bildern gezeigt, wobei die Alpen und das Grün der Schweiz als traumhafte Kulisse genutzt wurden. Die Zuschauer erinnern sich an das Ende von Crash Landing On You als eine atemberaubende, exquisite Szene, in der das Hauptpaar endlich glücklich bis ans Ende seiner Tage lebt.

Das Ende von Crash Landing On You bewegt sich auf dem schmalen Grat zwischen einem großartigen und einem furchtbaren Ende. Es hat das Gespräch auf eine zweite Staffel gelenkt. Keiner wollte, dass die Serie endet. Es löste kreativ auf, dass das Paar endlich zusammenkam. Gleichzeitig löste sie es aber nicht traditionell durch klischeehafte Endungen einer Hochzeit oder Kinderkriegen-Erzählung auf. Es ließ den Zuschauern Raum, die letzten Szenen zu interpretieren. Wenn die Zuschauer am Ende eine Hochzeit oder Kinder sehen, werden sie sich freuen, aber die Serie schnell vergessen, da das Gehirn denkt, dass die Spannung gelöst wurde. Das Gehirn kann jedoch etwas Ungelöstes nicht vergessen (erinnern Sie sich an den Zeigarnik-Effekt), wie diese Frage - trifft sich das Paar dann nur für zwei Wochen im Jahr?

Bildquelle: Netflix | Das Ende von "Crash Landing On You" voller exquisiter Visuals

Es ist viel darüber gesagt und geschrieben worden, was genau das Ende implizierte. Der Schlüssel lag jedoch in der visuellen Gestaltung der letzten drei Minuten der letzten Folge. Vor der letzten Szene hielt das Paar diskret Händchen, während es sich ein Konzert in der Schweiz ansah, wo sie sich jedes Jahr zwei Wochen lang treffen. Der 16. Epilog rollte, als Se-ri Picknickutensilien im Haus sammelte. Das Haus zeigte viele Bilderrahmen des Paares, scheinbar einen für die letzten zwei Jahre, in denen sie sich für den zweiwöchigen Jahresurlaub getroffen haben. Die Villa schien ein ständig bewohnter Ort zu sein, sonst wären die Bilderrahmen kein fester Bestandteil. Sie ging auf den Hügel hinauf, um sich Ri Jeong Hyeok anzuschließen, der dort mit einem Stiel weißer Blumen in der Hand spazieren ging. Sie fügte diesen zu ihrer Vase mit rosa Blumen hinzu, und er umarmte sie eng an sich. Im Gegensatz zu dem diskreten Händchenhalten in der vorherigen Szene, zeigte diese letzte Szene, dass sie im Freien sind und ein Picknick machen. Endlich gab es Zeichen der Freiheit, zusammen zu sein, und sie haben keine Angst mehr, zusammen gesehen zu werden. Das Ende war ein letzter süßer Kuss, während sie gemeinsam den Sonnenuntergang betrachteten. Ein sorgfältiger

Blick auf die Visuals erzählt die Geschichte, wie sie ist - ein Happy End.

"Crash Landing On You" verpackte auch die Geschichte anderer Charaktere in gesellschaftlich akzeptierte Themen. Wie zum Beispiel, dass gute Taten einen Preis bekommen, Böses am Ende bestraft wird, und vor allem, dass Gerechtigkeit und Liebe immer siegen.

Während das Publikum Wahrheit von Fiktion trennen kann, hat die Durchlässigkeit koreanischer Dramen im Mainstream die Macht, die Fähigkeit der Gesellschaft zu beeinflussen, Verhaltensweisen oder Ideen zu normalisieren. Allein dafür verdient "Crash Landing On You" ein großes Lob, wie es das Gute über destruktive Verhaltensweisen stellt. Darüber hinaus hat es sich als erfolgreich erwiesen, ohne auf erwachsene Interessen wie Sex oder Gewalt zurückzugreifen. Stattdessen gibt es einen frischen Blick auf bekannte Themen wie Integrität, Freundschaft, Respekt für andere und Engagement für die Gemeinschaft.

* * *

Two

Echte Menschen, nicht nur Charaktere

Die Brillanz der Autorin Park Ji-Eun hat in "Crash Landing On You" "liebenswerte Menschen" geschaffen und nicht nur Charaktere. Abgesehen von den klugen und frischen Dialogen ist der Aufbau der Charaktere in der Serie eine weitere goldene Feder, die die Serie zu einem Meisterwerk macht. Das Schreiben konzentrierte sich gründlich auf die Hauptcharaktere, Yoon Se-ri und Ri Jeong Hyeok. Die Konzentration der Serie auf ihre Haupthandlung ist ein wesentlicher Faktor für den Gesamtreiz der Serie. Die Einzigartigkeit des Fokus hielt die Zuschauer bei der Stange, da eine Geschichte mit zu vielen Nebenhandlungen dazu neigt, nicht in die Tiefe zu gehen.

Außerdem hat der Autor gekonnt ein weiteres zweites Paar zum Mitfiebern eingeführt. Er servierte auch liebenswerte und gewinnende Charaktere mit spannenden, eigenen Geschichten. Diese Nebencharaktere sind wichtig, um die Serie für die Zuschauer liebenswert zu machen. Es wäre keine fesselnde Serie, ohne ihre Werte und Kämpfe zu verkünden. Über die Charaktererschaffung hinaus hat die Autorin Pak Ji-Eun die Anforderungen von Romantik, Action, Komödie, Spannung und Drama in einer koreanischen Dramaserie geschickt ausbalanciert. Die dramatis personnae machten "Crash Landing On You" zu einer zeitlosen, schönen Geschichte von Menschen aus "nahen und doch fernen" Ecken der Welt.

Yoon Se-ri

Yoon Se-ri ist eine südkoreanische Chaebol-Erbin, die mit dem Gleitschirm geflogen ist, um ihre Fallschirmleine zu testen, aber versehentlich eine Bruchlandung in Nordkorea hinlegte, nachdem sie in einen Tornado geraten war. Sie ist auf ihre Art wohlhabend, ein erfolgreicher Mogul, der ihr Geschäft aufgebaut und erfolgreich gemacht hat. Sie ist dafür bekannt, dass sie eine anspruchsvolle Chefin ist, die manchmal stur und arrogant sein kann. Die Beziehung zu ihrer Familie ist gestört, da sie unter dem Druck des Nachfolgekampfes des Familienunternehmens mit ihren Brüdern steht. Sie wuchs mit einem Vater und einer komplizierten Beziehung zu ihrer Stiefmutter auf. In einem Leben ohne andere enge und sinnvolle Beziehungen kämpfte sie mit Depressionen, Angstzuständen und Selbstmordgedanken.

Sie ist keine Frau, die hilflos ist. Zugegeben, sie ist an einem Ort weit weg von ihrer vertrauten Umgebung gelandet, aber Yoon Se-ri ist keine, die einen Mann braucht, um erfolgreich zu sein. Als Tochter einer Konglomeratsfamilie hat sie bewiesen, dass sie aus eigener Kraft erfolgreich sein kann, indem sie ein Unternehmen gründete und es zu einer großen Firma ausbaute. Diese beeindruckende Leistung überzeugte ihren Vater, sie zur nächsten Leiterin des Konglomerats zu ernennen, sehr zum Leidwesen seiner Brüder.

Bildquelle: Netflix | Yoon Se-ri ist ein Powerfrau-Charakter. Diese Szene zeigt ihre Reaktion, als ihr Vater sie zum nächsten CEO des Familienkonglomerats erklärt.

Se-ri durchbrach die höchste gläserne Decke aus einer starken Familientradition in Südkorea - dass der erste Sohn das Familienunternehmen erben und führen darf. Sie mag mit einem silbernen Löffel geboren worden sein. Aber sie hat auch Probleme im wirklichen Leben. Sie entwickelte seelische Qualen, Angstzustände und Depressionen, die sie dazu brachten, in der Schweiz Zuflucht zu suchen, um sich der Euthanasie zu unterziehen. Sie ist wie ein durchschnittlicher Mensch mit vielen Herausforderungen des Lebens und an einem Punkt bereit, ihr sinnloses Leben aufzugeben. Sie schaffte es, ihre Perspektive umzudrehen und beschloss, etwas Besseres zu tun, als ihr Leben zu beenden - sie gründete ihr eigenes Unternehmen mit großem Erfolg. Sie wollte einfach nur wachsen und das, was sie sich im Leben ausgesucht hatte, besser machen - zuletzt die Chance, das Konglomerat ihrer Familie zu führen und ihren Vater stolz zu machen.

Selbst als sie in einem nordkoreanischen Dorf landete, nutzte sie ihre Fähigkeiten und ihren Verstand, um Wege zu finden, unbeschadet nach Südkorea zurückzukehren. Bei ihrer ersten Begegnung mit Hauptmann Ri (Lee) konnte sie schnell rennen, wenn auch in die falsche Richtung, um sich vor der Verfolgung zu retten. Sobald ihr dämmerte, dass Geld und Einfluss ihr nicht zur Flucht verhelfen können, passte sie sich schnell an ihre Umgebung an. Sie lernte, mit den Soldaten zu kooperieren, um sich deren Gunst zu sichern. Sie zwang Hauptmann Ri (Lee) und seine Kameraden dazu, ihr bei der Flucht zurück nach Südkorea zu helfen. Sie brachte sogar die Ajummas auf ihre Seite, trotz ihres Images als "Nationalschatz"-Diebin.

Sie machte sich bei den vier Soldaten von Hauptmann Ri (Lee) beliebt, die später ihr Leben riskierten, um sie zu retten. Sogar vor Seo Dan's, der Verlobten des Hauptmanns, konnte sie sich bei Konfrontationen gut behaupten. Sie zwang Kapitän Ri (Lee), seine Zuneigung zu ihr öffentlich zu zeigen, während sie ihm mit einem unbefristeten Aufenthalt drohte, wenn er nicht tut, was sie verlangt - auf eine humorvolle Art und Weise. Yoon Se-ri blieb klar und standhaft in Bezug auf ihr Hauptziel, nach Südkorea zurückzukehren, wenn sie dem Vater von Hauptmann Ri (Lee) gegenüberstehen würde.

Einmal zurück in ihrem Land, konnte sie ihre Verwandten davon abhalten, ihr Geschäft zu übernehmen und belohnte diejenigen, die ihr gegenüber loyal waren (z.B. den Versicherungsagenten). Sie rettete Kapitän Ri (Lee) zweimal vor Cho Cheol Gang - bei der Verfolgungsjagd auf dem Parkplatz und als er wieder erschossen werden sollte, benutzte sie ihr Auto als Schutzschild, um ihn zu beschützen und wurde stattdessen erschossen. Sogar an der Demarkationslinie dachte sie daran, Ri Jeong Hyeok nicht loszulassen, aus Angst, dass ihm schreckliche Dinge zustoßen könnten, alles wegen ihr. Yoon Se-ri ist keine Jungfrau in Nöten - weit gefehlt. Sie repräsentiert eine moderne, denkende und starke Frau, die für ihre Werte einsteht und für ihre Lieben kämpft. Und das tut sie mit Köpfchen und viel Gespür.

Sie ist eine Frau, die sich immer weiter verfeinert. Sie begann als verwöhnte, reiche Dame, die sich anschickte, die Geschäftswelt zu erobern, aber dann landete sie in der verletzlichsten Situation innerhalb Nordkoreas. Wie jeder andere Mensch weinte sie über das unglaubliche Schicksal, das ihr widerfuhr, aber sie rappelte sich auf und machte mit ihrer Zielliste weiter. Sie passte sich an, nutzte das, was ihr zur Verfügung stand, und arbeitete hart. Sie musste Beziehungen zu den Chefs der Ajummas aufbauen, um Hauptmann Ri (Lee) einen Vorzugsstern zu verschaffen. Sie schätzte die Dinge, die ganz anders waren als das, was sie kannte, wie den Kimchi-Keller oder die vielen Verwendungsmöglichkeiten von Seife. Sie drückte ihre Dankbarkeit aus, wenn sie Auszeichnungen an die Soldaten verteilte und Fingerherzen, wenn sie körperlich geschlagen wurden. Später benannte sie ihre saisonale Produktlinie nach den Ajummas des nordkoreanischen Dorfes, die sie zu lieben und zu schätzen lernte. Sie ist auch die erste, die ihre Liebe zu Ri Jeong Hyeok erklärt - nichts ist mutiger, als einem nordkoreanischen Soldaten seine Liebe zu gestehen.

Yoon Se-ri's perfektes Ende. Sie hat es verdient, mit Hauptmann Ri (Lee) zusammen zu sein. Sie musste die zermürbende Arbeit machen und wartete geduldig darauf, Ri Jeong Hyeok wieder zu treffen. Selbst am Ende entschied sie sich für das, was sie wollte und wofür sie stand. Sie verbrachte eine wunderbare Zeit an einem wunderschönen Ort mit der Liebe ihres Lebens - am Ende gibt es nichts, was Yoon Se-ri mehr verdient, als glücklich zu leben.

Ri Jeong Hyeok / Captain Ri (Lee)

Ri Jeong Hyeok ist ein nordkoreanischer Elitesoldat, der als Hauptmann die Grenze (DMZ) schützen soll und in einem Militärhaus in einem nordkoreanischen Dorf lebt. Trotz seiner zurückhaltenden Persönlichkeit ist er im Dorf sehr respektiert.

Er stammt aus einer wohlhabenden Militärfamilie, zieht es aber vor, seine Abstammung geheim zu halten. Nachdem sein älterer Bruder bei einem mysteriösen Autounfall ums Leben kam, wurde er der einzige Sohn des

Leiters des allgemeinen Polizeibüros. Er war früher ein Klavierschüler in der Schweiz und sprach sogar mehrere Sprachen. Er hat ein entgegengesetztes Temperament als Yoon Se-ri, was für eine gute Beobachtung sorgte.

Hauptmann Ri (Lee) ist die Quintessenz des Charakters, der letztlich DER perfekte Mann ist. Zu Beginn ist er ein Charakter mit starker Integrität. Von der ersten Episode an ist es bemerkenswert, wie er sein Versprechen gegenüber den südkoreanischen Soldaten einhält. Er ist sehr rücksichtsvoll und ein wahrer Gentleman. Er erlaubte Seo Dan nicht, allein nach Pyongyang zurückzufahren, weil das Fahren in der Nacht zu gefährlich ist, und bot ihr an, sie zu begleiten. Er warnte auch einen der Soldaten davor, die Details des Unfalls zu kennen, die das Leben des Soldaten gefährden könnten. Ri Jeong Hyeok hat eine starke Liebe zu seiner Familie und arbeitete hart, um Gerechtigkeit für den Tod seines Bruders zu erlangen. Er hat auch ein hohes Pflichtbewusstsein gegenüber seinem Land, dass er selbst als er sich in Yoon Se-ri verliebte, nie den Norden verlassen hat.

Er war in vielen Aspekten immer klar, wo er stand. Er war respektvoll und rücksichtsvoll gegenüber seiner Verlobten Seo Dan, auch wenn er sich völlig bewusst war, dass er keine romantischen Gefühle für sie hegte. Sie zu heiraten, ist nur aus Pflichtgefühl zu betrachten. Als er sich seiner Gefühle für Yoon Se-ri sicher war, sagte er Seo Dan, sie solle die Hochzeit stoppen. Traurig für Seo Dan, er hat sie nie um Zuneigung betrogen. Er hat keine Psychospielchen gespielt. Er sagte Yoon Se-ri sogar, wenn auch unter Alkoholeinfluss, dass er sie heiraten, bei ihr bleiben und gemeinsame Kinder haben wolle. Infolgedessen zweifelte Yoon Se-ri nie an seiner Liebe zu ihr. Ihre Beziehung drehte sich darum, sich gegenseitig zu lieben und zu beschützen, ohne diese selbstverschuldeten und eifersüchtigen Probleme.

Bildquelle: Netflix | Ri Jeong Hyeok, ein nordkoreanischer Soldat, wird zum ultimativen Beschützer der Südkoreanerin Yoon Se-ri.

Er ist DER ultimative Beschützer. Es schadet nicht, dass er ein Elitesoldat ist, aber Hauptmann Ri (Lee) ist der beste "Bodyguard" der Stadt. Er konnte Yoon Se-ri nicht an die Behörden ausliefern, weil er nicht darauf vertraute, dass sie fair behandelt wird. Er hat sich große Lügen ausgedacht, um sie vor Ärger zu bewahren. Zum Beispiel erklärte er Yoon Se-ri vor einem Vorgesetzten als seine Verlobte. Sein Denken war jedem Schritt voraus, wie die doppelte Schutzschicht, als er sie zum Flughafen schickte. Er wusste zu gut, wie man Spionagekameras ausschaltet. Er war geschickt im Kämpfen und kletterte sogar tagelang aus einem Tunnel, um nach Südkorea zu gelangen, um Se-ri vor der Bedrohung durch Cho Cheol Gang zu schützen.

Ri Jeong Hyeok, der perfekte romantische Partner. Seine Liebessprache war der sichere Dienst. Er kümmerte sich um die Ernährung von Yoon Se-ri, indem er Nudeln von Grund auf kochte und Granulat für seinen Handkaffee mahlte, um ihren Kater zu kurieren. Er bereitete eine Feier für ihren Geburtstag vor und bekommt ein (Paarring-)Geschenk. Er füllte ihre Speisekammer mit wichtigen Lebensmitteln und schrieb ihr eine Anleitung, wie man Nudeln kocht. Er nahm sich selbst beim Spielen eines Klavierstücks auf, damit sie ohne die Hilfe von Schlaftabletten gut schlafen kann. Er blieb neben ihr, ohne zu essen oder zu schlafen, als sie krank war. Er half ihr bei kleinen und großen Dingen. Er schickte ihr Zeitnachrichten für ein Jahr, wenn er nicht mehr da sein wird. Er hat einen Weg gefunden, für immer mit Yoon Se-ri zusammen zu sein.

Ri Jeong Hyeok schüttelt die Kälte ab und trägt am Ende die Wärme in sich: Seine charakterliche Entwicklung verlief hauptsächlich von einer zurückgezogenen zu einer warmen Persönlichkeit, von einem gleichgültigen Leben zu einem wiedergefundenen Sinn im Leben. Mit dem Tod seines Bruders verlor er sein süßes, freundliches Auftreten und entwickelte eine eiskalte Haltung. Trotzdem waren seine Güte und Freundlichkeit immer noch in ihm, und diese Kernwerte lösten sich auf, als er Yoon Se-ri traf. Nach dem Tod seines Bruders, den er zutiefst liebte, war seine einzige Möglichkeit, diese tiefe Wunde zu überleben, indem er jede weitere bedeutungsvolle Beziehung vermied.

Dies änderte sich jedoch, als er Yoon Se-ri traf. Seine Wachen fielen, und nach und nach begann er, das Leben wieder zu schätzen und ab und zu ein kleines Lächeln zuzulassen. Er war sich seiner Fehler immer bewusst und versuchte sogar noch mehr, sie wiedergutzumachen. Er kaufte Se-ri illegales Shampoo und Haarspülung, nachdem er einen Nachmittag lang vergeblich auf der allgemeinen Verwendung von Seife bestanden hatte. Er brühte handgetränkten Kaffee nach einer durchzechten Nacht, um ihren Kater zu lindern. Er kochte sogar Nudeln von Grund auf, nachdem er sie durch den Wald gejagt hatte. Nach seiner Operation küsste er sie, um sich dafür zu entschuldigen, dass er sie angeschrien und missverstanden hatte.Als Yoon Se-ri auch Gefühle für ihn entwickelte, wuchs die Zuneigung der beiden neben Ri Jeong Hyeoks weicher werdender äußerer Schale weiter. Er ließ sein sanftes und süßes Verhalten, das er früher hatte, wieder auftauchen. Er drückte seine tiefe Zuneigung zu ihr auf viele Arten aus, einschließlich des Ring-Geburtstagsgeschenks des Paares und der Enthüllung seiner wahren Gefühle bei einem Schuss Soju. Seine Handlungen waren gut durchdacht, wie z.B. als er die Flucht von Yoon Se-ri plante oder wie sie sich in der Zukunft wieder treffen könnten. Er schickte ihr getopfte Samen des Edelweißes, das in der Schweiz häufig wächst, um sie wissen zu lassen, wo sie sich irgendwann wieder treffen können. Am Ende erfüllte er sein Versprechen, fand Yoon

Se-ri nach ein paar Jahren wieder und verbrachte mit ihr eine schöne Zeit an einem schönen Ort, für immer.

Seo Dan and Gu Seung Ju/Alberto Gu

Seo Dan ist eine nordkoreanische Erbin und aufstrebende Cellistin, die, wie von ihren Eltern arrangiert, mit Ri Jeong Hyeok verlobt ist. Nach ihrem Studium in Übersee kehrt sie nach Nordkorea zurück und muss feststellen, dass ihr Verlobter einem Südkoreaner hilft und sich in ihn verliebt. Sie dachte über ihre bevorstehende Heirat nach, traf aber Gu Seung Ju und lernte so einiges über die wahre Liebe.

Gu Seung Ju ist ein südkoreanischer cleverer und charmanter Hochstapler, der nach Südkorea zurückkam, um sich an Se-ris Familie zu rächen. Er veruntreute Geld von Se-ris Bruder und versteckte sich in Nordkorea, wo er sie wieder traf. In Nordkorea traf er auch Seo Dan - diejenige, für deren Schutz er sein eigenes Leben riskierte.

Seo Dan & Gu Seung Ju -Dieses zweite Hauptpaar und ihr Charakterhintergrund waren ebenfalls wunderschön geschrieben. Das Publikum jubelte ebenso und hoffte auf ihr Happy End. Seo Dan ist ein überzeugender Charakter, der Ri Jeong Hyeok von Yoon Se-ri (und von dem Ärger, den sie mit sich bringt) fernhält, und das zu Recht als ihr Verlobter. Mit ihrer Gelassenheit und Grimmigkeit hielt sie alle in Schach. Sie stammt aus einer wohlhabenden und einflussreichen Familie in Nordkorea. Sie ist es gewohnt, zu bekommen, was sie will, einschließlich der Verlobung mit ihrem ersten Schwarm, Ri Jeong Hyeok. Seo Dan wurde durch mehrere Auftritte von Yoon Se-ri mit Ri Jeong Hyeok beunruhigt. Nachdem sie darauf bestand, sich mit ihren beiden Eltern zu treffen, wurde ein Termin für ihre Hochzeit festgelegt.

Ihr volles Selbstvertrauen als Frau, die den Mann heiraten wird, den sie schon immer geliebt hat, war auf einem Hoch und ihr Schicksal nahm wieder seinen Lauf. Sie erfuhr, dass Ri Jeong Hyeok im Krankenhaus lag, und während ihres Besuchs sagte er ihr, dass sie nicht mehr heiraten könnten, da er für eine andere empfindet. Ihre Welt brach zusammen, aber sie konzentrierte sich auf ihr Ziel und bestand darauf, dass diese Enthüllung ihre Hochzeit nicht abbrechen würde. Sie wusste genau, dass Yoon Se-ri bald gehen würde und hoffte, dass dieses "Gefühl" auch weg sein würde. Seo Dan war ganz der praktische und realistische Typ. Als Ri Jeong Hyeok Yoon Se-ri weiterhin half, entschied sich Seo Dan, dieses Geheimnis dem Militärvater zu offenbaren. Sie beschloss daraufhin, eine Regierungshotline anzurufen, von der sie wusste, dass sie sie nicht kontrollieren konnte. Nach einem Gespräch mit Ri Jeong Hyeok im Gefängnis brach sie jedoch zusammen. Er zeigte ihr, dass er zu 100% um Se-ri besorgt war und kein bisschen um ihre bevorstehende Hochzeit.

Sie traf Gu Seung Ju, als sie unglücklich war, und er machte ihr klar, dass Ri Jeong Hyeok sie nie geliebt hat. Obwohl die Romanze mit Gu Seung Ju nur von kurzer Dauer war, war sie bedeutungsvoller als das, was sie jemals von Ri Jeong Hyeok bekommen hatte. Schließlich erkannte sie, dass sie alleine glücklich war, indem sie ihrer Leidenschaft im Leben nachging, anstatt jemandem nachzulaufen, der kein bisschen Liebe für sie übrig hatte. Das ist der starke Charakter, den sie hatte.

Auf der anderen Seite hatte Gu Seung Ju ein hartes Leben in Großbritannien geführt, nachdem Se-ris Vater den Untergang seines eigenen Vaters verursacht hatte. Alles, was er in seinem Herzen hatte, war Rache an Yoon Se-ris Familie. Sein Plan, die Macht in Se-ris Familie zu übernehmen, indem er in die Familie einheiratet, verschwand, als Se-ri ihn nicht heiraten will. Er griff zur nächstbesten Möglichkeit und veruntreute Geld von einem ihrer Brüder. Das gelang ihm auch, aber als Konsequenz musste er sich dort verstecken, wo ihn das Geld nicht finden kann - in Nordkorea. Die Begegnung mit Seo Dan änderte jedoch alles. Er begann zu erkennen, wie sich sein Leben ändern muss und nahm sich vor, sein Leben neu zu gestalten und in Zukunft Seo Dan würdig zu sein. Gu Seung Ju entschied sich jedoch, sie vor den chinesischen Männern zu schützen, die ihn verfolgten. Traurigerweise verlor er bei dieser Begegnung sein Leben. Viele Zuschauer waren vom Tod seines Charakters betroffen - hatte er es verdient, getötet zu werden, nachdem er seinen fehlerhaften Charakter gerettet hatte?

Bildquelle: TvN | Das zweite Hauptpaar ist eine weitere Nord-Süd-Beziehung, die in der Serie einen gemeinsamen Feind und gegenseitige Liebe gefunden hat.

Diese beiden Charaktere gaben der Geschichte sicherlich mehr Tiefe, und ihre Leben miteinander zu verflechten war ein brillanter Schreibstil. Hut ab vor dem Autor, dass er den Zuschauern ein weiteres Paar zum Lieben gegeben hat und nicht zwei enorm charmante Charaktere als normale Bösewichte verschwendet hat. Stattdessen haben sie sie in liebenswerte Anti-Helden verwandelt, die am Ende tatsächlich die Pforten des Himmels betreten.

North Korean Soldiers

Pyo Chi-Su – Park Gwang-Beom – Kim Ju-Meok – Geum Eun-Dong

Die "vier Kameraden" sind das, was jeder als die ultimative Truppe bezeichnet. Ihre Loyalität zu Hauptmann Ri (Lee) und Yoon Se-ri war lobenswert, sie riskierten ihr Leben, um dem Paar zu helfen. Jeder ihrer Charaktere bereicherte den Gesamteindruck des Teams. Als Ganzes demonstrierten sie den Wert der Arbeit als Team, wie das Überwinden vieler Hindernisse, um Kapitän Ri (Lee) in Seoul zu finden und Yoon Se-ri vor Angreifern zu verteidigen.

Bildquelle: Netflix | Nordkoreanische Kameraden riskieren ihr Leben für Ri Jeong Hyeok und Yoon Se-ri.

Ju Meoks Vorliebe für koreanische Dramen erwies sich immer wieder als nützlich, um eine Brücke der Verständigung zwischen zwei Territorien zu schlagen. Ihre Dialoge in der Serie brachten leichte Berührungen und komödiantische Erleichterung, wie z.B. als sie sich zum ersten Mal mit Yoon Se-ri bei Soju und Muscheln anfreundeten. Ein paar Tränen kamen auch aus den Augen der Zuschauer, als sie sich von Yoon Se-ri in Seoul verabschiedeten, besonders die letzte in der Nähe der DMZ in der finalen Episode. Der Autor verstärkte durch sie das Konzept, echte Freunde als Teil des Unterstützungssystems des Lebens zu haben. Er zeigt auch, dass man Freunde überall finden kann, sogar an Orten, wo vermeintliche Feinde gedeihen. Ihre Loyalität gegenüber ihrem Land ist ebenfalls lobenswert. Sie haben sich trotz ihrer bemerkenswerten Erfahrung in Seoul entschieden, zurückzukommen und ihrem Land weiterhin als Soldaten zu dienen. "Crash Landing On You" ist ohne diese vier Soldaten nicht so süß, unterhaltsam und zeitlos.

North Korean Ajummas

Ma Yeong-Ae – Na Wol-Sook – Ya OK-Geum – Hyon Myong-Sun

Die Ajummas malten das tägliche Leben in einem nordkoreanischen Dorf für die Zuschauer, die höchstwahrscheinlich nur unzureichende Kenntnisse über diesen Ort hatten. Sie sind ganz normale Dorfnachbarn, die als Erste klatschen und Hilfe anbieten, wenn einer von ihnen in Schwierigkeiten ist. Sie sind die ersten, die kommen, wenn schlimme Dinge passieren und die ersten, die lachen, wenn gute Dinge passieren. Als die echte Verlobte von Ri Jeong Hyeok auftauchte, waren sie die ersten, die sie trösteten. Sie brachten Getränke und das dringend benötigte Mitgefühl, um ihr zu helfen, den Horror der letzten Begegnung zu überstehen. Diese Personen sind die engsten weiblichen Freunde, die Yoon Se-ri je hatte. Die Ironie, diese Juwelen am unerwartetsten Ort zu finden, war eine schöne Note des Autors. Indem sie Yoon Se-ri als Teil ihres Klischees akzeptierten, gaben sie ihr als Person eine dringend benötigte Erdung. Ohne dass sie es merkten, gaben sie ihr das Gefühl, dass sie sich auf sie verlassen kann, wenn es um Dinge wie Beziehungen geht.

Bildquelle: Netflix | Die Ajummas aus dem Dorf, die die beste Freundin waren, die Se-ri je hatte, haben Yoon Se-ris Erfahrungen in Nordkorea sicherlich bereichert.

Im Gegensatz zu ihrer Mutter und ihren Schwägerinnen, die keine bedeutungsvolle Beziehung zu Yoon Se-ri hatten, schätzte sie die Ajummas für die schöne und aufregende Zeit, die sie zusammen verbrachten. Es lag ihr sehr am Herzen, sie zu erreichen, indem sie ihre Gesichter in ihren Schönheitsprodukten abbildete. Sie nannte es 'Saudade', was Sehnsucht nach vergangenem Glück bedeutet. Es war ein genialer Weg, um Yoon Se-ri's wahre Gefühle für sie zu vermitteln. Sie hoffte, es würde ihr Dorf durch die Vorliebe der Ajummas für Kosmetikprodukte erreichen. Es genügt zu sagen, dass die Ajummas von Kapitän Ri (Lee) hypnotisiert waren. Sie waren entmutigt, als sie erfuhren, dass ihr "Nationalschatz" im Begriff ist, ihr heimatliches Dorf für immer zu verlassen.

Capt Ri's Parents

Ri Chung-Ryeol and Kim Yun-Hui

Die liebevollen Eltern von Ri Jeong Hyeok sorgten für die Stabilität, die Ältere immer noch für ihre erwachsenen Kinder aufbringen. Seine Mutter bediente ihn immer mit Liebe, Fürsorge und Unterstützung. Sie sprang ein, wenn der Hang seines Vaters zur Selbsterhaltung gegenüber seiner Familie auftrat. Der Charakter seines Vaters wandelte sich von einem knallharten Karrieremilitärvater hin zu einer Priorität für seine Familie, trotz des Risikos für seinen Militärstatus. Der Charakter des Vaters war großartig und fügte den potenziell ernsten, konfrontationsgeladenen Szenen mit Yoon Se-ri und Ri Jeong Hyeok erstklassigen Humor hinzu. Außerdem rettete ihn derselbe Vater schließlich vor dem eifersüchtigen hochrangigen Militäroffizier, der absichtlich plante, ihn zu töten.

Seo Dan's Mom and Uncle

Ko Myeong-Eun and Ko Myeong-Seok

Seo Dans Mutter und Onkel waren eine weitere Gruppe von Charakteren, die "Crash Landing On You" belebten. Ihre aufbrausenden Charaktere waren der dringend benötigte Ausgleich zu Seo Dans feuriger Natur. Ihre Mutter war genauso heftig wie sie, während ihr Onkel die Eskapaden ihrer Mutter ständig normalisierte. Ihre gleichermaßen cleveren Neckereien waren überbordend vor Heiterkeit. Der Charakter der Mutter entwickelte sich aus einer wohlhabenden und modernen Kaufhausbesitzerin. Sie unterstützte ihre einzige Tochter immer und wurde schließlich eine echte Freundin der Ajummas aus dem Militärdorf. Sie unterstützte Dan weiterhin bei jeder Entscheidung, die sie glücklich macht. Der Onkel, der so ein lustiger Mann ist, hat Ri Jeong Hyeok in vielerlei Hinsicht geholfen und immer wieder seine praktische Einstellung zu Lebensfragen gezeigt. Diese Charaktere machten die Geschichte komplett, waren aber mit ihrer überlebensgroßen Veranlagung ein wahrer Genuss für die Zuschauer.

* * *

Three

Die vollendete Besetzung

ie Powerhouse-Performance der Darsteller von "Crash Landing
On You" war eine feine Darstellung von raffiniertem schaus-
pielerischem Können, grenzenloser Energie und unvergleich-
lichem Charisma.   Die Serienbesetzung balancierte geschickt die Anforderungen einer koreanischen Dramaserie aus, die eine kiligrane Romanze,
herzzerreißende Action, witzige Komödie und ein tränenrührendes Drama
beinhaltet. Die immens talentierten Darsteller verdienten höchstes Lob
dafür, dass sie es dem Publikum erlaubten, gleichermaßen Sympathie und
Verachtung für die Charaktere zu empfinden, dass sie uns Momente der
Komödie und des Herzschmerzes verkauften, oft im gleichen Atemzug.
Das Casting-Team strahlte jahrelange Erfahrung und pures Glück aus,
all diese großartigen Schauspieler in einer Blockbuster-TV-Serie zu
versammeln. Keiner der Schauspieler fühlte sich in der falschen Rolle
gestrandet, ein Beweis für das außergewöhnliche Urteilsvermögen des
Casting-Teams. Die Sterne haben sich in dieser Serie für all die genialen
Darbietungen ausgerichtet, die in einem ordentlichen koreanischen Drama-
Paket präsentiert werden.

Der Nationalschatz des Nordens - Hyun Bin

als Ri Jeong Hyeok/Kapitän Ri (Lee)

Hyun Bin wurde geboren, um die ultimative Rolle von Ri Jeong Hyeok/Kapitän Ri (Lee) zu spielen. Kategorisch gesprochen, hätte kein anderer Schauspieler so stark sein können wie er als Captain Ri (Lee). In den Actionszenen, die seinen Charakter in Episode 1 einführten, konnte er die stählerne Haltung und die versierten militärischen Fähigkeiten effektiv einfangen. Obwohl er als männlicher Hallyu-Star durchaus erkennbar ist, war es nicht einfach, zwischen Hyun Bin und Ri Jeong Hyeoks introvertierter Natur in der Serie zu unterscheiden. Ri Jeong Hyeoks tiefsitzende Einsamkeit kam durch, als er der Tomatenpflanze zehn Worte vortrug. Er brachte sie mühelos aus seinem Inneren heraus und spielte die Rolle nicht nur. Seine Ausgewogenheit von Ri Jeong Hyeoks Ausdrucksstärke und Zurückhaltung ließ den Zuschauer mehr über ihn erfahren wollen.

Hyun Bin verkörperte Ri Jeong Hyeok jedoch nicht nur vollständig. Er hob die Figur auf eine viel höhere Ebene. Eine männliche Hauptrolle, die Nudeln von Grund auf kocht und fummelnd Damenprodukte kauft, war noch nie so unvergesslich. Er hat auch das bekannte Schmollgesicht erfunden, das man sich ehrlich gesagt wegen seiner Originalität als Markenzeichen schützen lassen sollte. Sein komisches Timing war genau auf den Punkt, nicht erzwungen oder übertrieben.

Außerdem verwandelte er die Zuschauer in ein schluchzendes Wrack, als er unverschämt sentimental war, nachdem Se-ri Nordkorea verlassen hatte. Seine vielen Liebeserklärungen für Yoon Se-ri waren echt und verträumt. Die Aufrichtigkeit seines Charakters kam bei den Zuschauern sehr gut an.

Ri Jeong Hyeok kann sympathisch sein, aber als nordkoreanischer Elitesoldat ist er erwartungsgemäß straff. Daraus folgte, dass es bei seinem Charakter nicht viel an Körperbewegung zu arbeiten gab. Dennoch verließ er sich stark auf das Schauspiel durch seine freizügigen Augen und seine Stimmkadenz passte zu seinem zurückgezogenen Charakter. In dieser 16-Episoden-Serie schuf Hyun Bin einen nuancierten Charakter, der in der Lage war, emotional widersprüchliche Szenen zu liefern. In einigen Szenen konnten die Zuschauer nicht anders, als ihn zu lieben und in ihn verliebt zu sein, während sie eine Minute später in ein schluchzendes Wrack verwandelt wurden. Zweifellos war Hyun Bins Darstellung von Ri Jeong Hyeok unbestreitbar überzeugend. Er wechselte nahtlos von humorvollen Sprüchen zu voller Action und dann zu einer unerwarteten kiligroßen Romanze und fesselte die Zuschauer auf diesem Weg.

"Crash Landing on You" mit seiner langen 20-stündigen Serie gab Hyun Bin die Chance zu beweisen, wie versiert er ist und sich seiner Stärken und Grenzen als Schauspieler bewusst ist. Der in "Crash Landing On You" populär gewordene Kapitän Ri (Lee) hat Hyun Bin neue Legionen von Fans beschert, die sich nach dem Anschauen der Erfolgsserie in seiner Filmografie und anderen Werken umgesehen haben.

Unten sehen Sie einige emotionsgeladene Szenen, die von Hyun Bin dargestellt wurden.

- In der Szene, in der Hauptmann Ri (Lee) seinen Vater wegen Se-ri konfrontiert, konnte man zum ersten Mal spüren, wie seine Emotionen voll ausbrachen, als seine Angst um Se-ris Leben zunahm. Er kann seine ganze Frustration und Sorge nicht mehr verbergen.
- In der DMZ-Szene in der finalen Folge musste Ri Jeong Hyeok Se-ri beruhigen, während er ebenfalls weinte. Als der perfekte Typ, der er ist, gab er ihr Hoffnung, wie sie sich in der Zukunft treffen werden.
- Die Parkplatzszene, in der Ri Jeong Hyeok, nachdem er von Cho Choel Gang gejagt wurde, Se-ri auf dem Parkplatz fand. Die Intensität seiner Hingabe und Angst war nicht zu leugnen.
- Die Szene, in der Ri Jeong Hyeok die Stirn runzelt und über Se-ris kapitalistisches Herz schmollt, war unbezahlbar - voller Absurdität, die ihn dem Publikum noch sympathischer macht.
- Als Hauptmann Ri (Lee) aus seinem Büro rannte, nachdem er erfahren hatte, dass Cho Choel Gang geflohen war und sich in Seoul auf Se-ri zubewegte. Wie er nach Luft schnappt, nachdem er den Atem verloren hat bei dem, was er gerade erfahren hat, ist einfach so herzergreifend.
- Als Se-ri entführt wurde und Ri Jeong Hyeok in den Wald rannte, um

sie verzweifelt zu suchen. Ein paar Tränen, die über sein Gesicht liefen, waren eine ergreifende, herzzerreißende Szene.

Bildquelle: Hyun Bin in der Szene, als Ri Jeong Hyeok realisiert, dass er Yoon Se-ri verletzt hat.

Er hat "Crash Landing On You" zu einer zeitlosen Serie gemacht. Der Beweis: Ein Jahr nach der Ausstrahlung der Pilotfolge sehen sich die Zuschauer "Crash Landing On You" immer noch viele Male an und schwärmen immer noch von Kapitän Ri (Lee). In der Tat ist er der amtierende Meister des romantischen koreanischen Dramas, der die Rolle mühelos spielte. Er machte Kapitän Ri (Lee) zu einem vollwertigen kulturellen Phänomen weltweit. Es ist schwierig, seinen hoch angesehenen Erfolg als Hauptdarsteller in My Name Is Kim Sam Soon und Secret Garden zu toppen. Aber Kapitän Ri (Lee) in "Crash Landing On You" hat all diese Rekorde gebrochen und das mit viel Schwung.

Die wählerische Prinzessin aus dem Süden - Son Ye Jin

as Yoon Se-ri

Son Ye Jin, die die Rolle der Yoon Se-ri verkörpert, könnte nicht perfekter sein. Während sie für ihre überragenden schauspielerischen Fähigkeiten im Melodrama-Genre bekannt ist, hat sie in dieser Serie erneut bewiesen, dass sie eine echte, vielseitige Schauspielerin ist. Sie lieferte ein tadelloses komödiantisches Timing. Ihr Charakter ist ziemlich schwierig darzustellen - eine reiche, selbstsüchtige Dame am Anfang, die der Zuschauer schnell verabscheuen kann. Aber Son Ye Jin spielte das Wesen der Figur mit perfekter Ausgewogenheit, ohne dabei wütend oder nervig zu sein. Sie ließ es so leicht aussehen. Sogar mit der selbstherrlichen Einstellung von Yoon Se-ri, machte ihre Darstellung alles liebenswert und unterhaltsam zum Zuschauen. Es dauerte nicht lange, bis das Publikum ihr die Daumen drückte, dass sie Hindernisse überwindet, Ziele erreicht und am Ende mit Kapitän Ri (Lee) zusammenkommt.

In der Szene, in der sie Captain Ri (Lee) dazu zwingt, ihr gegenüber öffentliche Zuneigung zu zeigen, zeigte sie eine brillant durchdachte, präzise Performance. Videos hinter den Kulissen enthüllten, dass Son Ye Jin ihre Darbietung sehr ernsthaft studierte und viele Ideen hatte, wie sie die Szene ausführen sollte. Ihr raffinierter Einsatz ihres sich ständig verändernden Gesichtsausdrucks war immer aufregend zu beobachten und wird nie langweilig. Ihr allgemeiner zuckersüßer Ruf gepaart mit ihrem hohen künstlerischen Niveau machten "Crash Landing On You" zu einer Tour-de-Force.

Bildquelle: Netflix: Eine der Szenen, die Son YeJin das Publikum in der Serie zum Weinen brachte

Unten sind einige emotional starke und denkwürdige Szenen von Son Ye Jin zu sehen, in denen sie letztendlich das Haus zum Einsturz brachte.

- Sie zeigt ihre raffinierte schauspielerische Leistung, als sie fast weinte, als sie Ri Jeong Hyeok von dem "schönsten Ring, den sie je gesehen hat" erzählte. Sie versprach, ihn nicht abzunehmen und sorgte dafür, dass der Damm des Wasserwerkes zum Vorschein kam.
- Die Szene in der DMZ während des Finales: Es war eine großartige Darstellung, als sie rannte, weinte und gleichzeitig Zeilen sagte, während sie verzweifelt auf Ri Jeong Hyeok zu rannte, der gerade in Handschellen die Demarkationslinie überquerte. Das ist einfach Schauspielerei vom Feinsten!
- Die Szene, in der sie Auszeichnungen an die nordkoreanischen Truppen verteilt und eine Tomatenpflanze für Hauptmann Ri (Lee) - Ihr komödiantisches Timing war wirklich außergewöhnlich und hinreißend frisch!
- Die Szene, in der sie den Stab auspackt, den Hauptmann Ri (Lee) für sie gekauft hat, und dann feststellt, dass Hauptmann Ri (Lee) trotz seines verklemmten und trockenen Auftretens süß und fürsorglich ist.

- Oben in den Hügeln, mit Blick auf den grünen See, schaute sie Ri Jeong Hyeok an und lächelte ihn an, was zu einem Kuss führte. Die Schlussszene prägte sich in das Gedächtnis der Zuschauer als das passende Ende für Yoon Se-ri ein - ein Happy End mit Kapitän Ri (Lee)!

Das für die Liebe bestimmte Paar - Hyun Bin & Son Ye Jin

Ein weiterer hoch bewerteter Teil von "Crash Landing On You" ist die unbestreitbar abbrühende Chemie von Hyun Bin und Son Ye Jin. Die explosive Anziehungskraft zwischen den beiden auf der Leinwand ist exponentiell mehr, als jedes Drehbuch ihre Charaktere hätte definieren können. Während des ersten Films des Paares, "The Negotiation (2018)", mit nur einem leichten romantischen Aspekt, war ihre Chemie bereits nicht von dieser Welt. Das tolle Aussehen der beiden ist eine besondere Augenweide für die Zuschauer. Doch die angenehmen Neckereien und Scherze führten zu einer lustigen und reizvollen Fernsehserie, die man sich immer wieder ansehen kann.

Man merkt, dass die beiden Schauspieler genau aufeinander eingespielt sind. Sie hatten ein perfektes Gespür dafür, wohin der andere wollte und trafen sich an der richtigen Stelle, mit der gleichen Intensität. Romantische Funken flogen von der Pilotepisode an, genug, um das ganze Minenfeld zu entzünden, in dem ihre erste Begegnung stattfand. Es gab so viele Momente, in denen die Zuschauer von den Emotionen mitgerissen wurden, die die beiden Hauptdarsteller ablieferten. Ob urkomische, herzzerreißende, romantische und zu Tränen rührende Szenen, alle wunderbar und gekonnt in Szene gesetzt.

Bildquelle: TvN | Hyun Bin und Son YeJin schufen die Liebesgeschichte von Ri Jeong Hyeok und Yoon Se-ri, die die Herzen der weltweiten Zuschauer eroberte und die vierte Hallyu-Welle für die koreanische Drama-Industrie auslöste.

Beide Schauspieler zeigten in "Crash Landing On You" unvergleichliches schauspielerisches Können. Hyun Bin und Son YeJin, die beide zu den gefeiertsten Schauspielern ihrer Zeit gehören, spielen Ri Jeong Hyeok bzw. Yoon Se-ri.

Einige der besten kilig, romantischen Szenen von Ri Jeong Hyeok und Yoon Se-ri sind wie folgt:

- Der Ring des Paares. Die Serie braucht keine Hochzeit, um ein Happy End zu signalisieren. Vielmehr wurde eine Szene gezeigt, in der sich das Paar jeweils einen Ring an den Ringfinger steckte. Mehr als eine tatsächliche Hochzeitsszene vermittelte die Erklärung ihrer Zuneigung füreinander durch den Paarring alle "Gefühle" einer wahrhaftigen, engagierten Liebe.
- Lagerfeuer. Als Yoon Se-ri aufrecht vor dem Lagerfeuer schlief, bewegte Ri Jeong Hyeok ihren Kopf, um sich vor der Kulisse von Millionen von

Sternen an ihn zu lehnen.

- Erster Schneefall. Eine beschwipste Yoon Se-ri lehnt sich an Ri Jeong Hyeoks Schulter, während sie den ersten Schneefall in Pyongyang beobachtet - was könnte romantischer sein als dies?
- Erstes Treffen in Seoul. Yoon Se-ri dachte, sie würde träumen, als sie Ri Jeong Hyeok eines Abends mitten in Seoul stehen sah und mit ihr sprach.
- Ein Picknick-Date. In der Schweiz strahlten beide lächelnd und freude-strahlend, und am Ende ein Happy-together-forever.

Diese beiden Schauspieler machten ihre Charaktere spontan und nahtlos zu einem Ganzen. Es ist ein solcher Glücksfall, Hyun Bin und Son Ye Jin in dieser Serie zu besetzen, wenn man bedenkt, wie kompliziert der Casting-Prozess funktioniert, bei dem das Glück eine Rolle spielt. Die Handarbeit des leitenden Schicksals war in der Tat überall zu spüren.

∗ ∗ ∗

Die Ferrocious One From The North - – Seo Ji-Hye

as Seo Dan

Seo Ji-Hye ist die perfekte Schauspielerin, um die Rolle der wilden Seo Dan zu spielen. Die Art und Weise, wie sie einen wilden Charakter darstellte, der unbedingt Ri Jeong Hyeok heiraten soll, sich aber schließlich mit Alberto Gu erweicht, war unglaublich. Sie verkörperte eine stilvolle, großbürgerliche Frau aus dem Norden, die in jeder Hinsicht unabhängig war. Dennoch würde sie in der Gegenwart von Ri Jeong Hyeok, ihrem ewigen Schwarm, schwach werden, was jeder unbestritten nachvollziehen kann. Ihre Akzeptanz von Dingen, die nicht so laufen wie geplant, war so ein bewegendes Vorbild. Letztendlich hat das Publikum auch für ihr Happy End mitgefiebert. Sie hinterließ einen großartigen Eindruck von einer schicken Dame, die unabhängig lebte und lernte, dass das Glück nicht nur von einem Mann abhängig ist. Das ist die Darstellung einer fantastischen, starken Frau!

Bildquelle: TvN | Seo Ji-Hye spielte Seo Dans Charakter, die elitäre nordkoreanische Dame.

Der charmante Hochstapler aus dem Süden - Kim Jung-Hyun

als Gu Seung-Jun/Alberto Gu

Kim Jung-Hyun war der absolute Schauspieler, der Gu Seung-Jun/Alberto Gu Leben einhauchte. Obwohl sein Charakter aus einer verruchten Vergangenheit kam und immer noch in Veruntreuungsprobleme verwickelt war, lebte er seine Rolle mit Leichtigkeit. Er servierte die richtigen Zutaten, die Ri Jeong Hyeok erfolgreich eifersüchtig und ein wenig unsicher machten. Er diente als das Ying zum Yang von Seo Dan und glich die Intensität ihrer Persönlichkeiten aus. Seine Gefühle für Seo Dan führten dazu, dass er seinen gegenwärtigen Zustand traurig realisierte. Die Begegnung mit einigen Dorfwaisen führte zu einem Wendepunkt in seinem Leben, und er stellte dies perfekt dar. Er wurde seiner Anti-Helden-Persona gerecht, und die Zuschauer konnten nicht anders, als sich die Frage zu stellen, warum er sterben musste. Es bedeutete ein starkes Zeugnis dafür, wie sehr das Publikum diese zweite männliche Hauptrolle liebte, sich einen vernünftigen und verzeihenden Schluss zu wünschen.

Bildquelle: TvN | Kim Jung-Hyuns Charakter Geu Sung-Jun brachte die Zuschauer in der Finalepisode zum Weinen.

Die unerschütterliche Truppe aus dem Norden

Yang Kyung-won gibt dem Charakter von Pyo Chi Su, einem Hauptfeldwebel in der Brigade von Hauptmann Ri (Lee), so viel Leben und Würze. Während er sich ständig mit Yoon Se-ri anlegte, erwärmte er sich schließlich für sie, so wie er sich für viele südkoreanische Dinge erwärmte. Sein ständiger Schlagabtausch mit Se-ri war eine Quelle der Freude für die Zuschauer. Ihr Geplänkel kam ganz natürlich mit ihrer Hassliebe heraus. Seine Darstellung der Naivität seines Charakters, der dennoch voller Stolz auf seine Wurzeln ist, war einfach nur hervorragend.

Yoo Su-Bin, der Kim Ju Myeok in der Serie verkörpert, war eine weitere perfekte Besetzung. Die Faszination seines Charakters für das südkoreanische Drama stach hervor. Sein komödiantisches Timing war ebenfalls einzigartig und die Beherrschung der südkoreanischen Kultur durch das, was er in koreanischen Dramen gesehen hatte, war witzig und einprägsam. Nachdem Se-ri ihnen ein Herz mit der Hand gegeben hat, war sein Gesichtsausdruck wertvoll, und sein Beitrag als Teil der nördlichen Gruppe ist unbezahlbar.

Lee Shin-Young, der Park Kwang Beom, einen Oberleutnant in der Armee von Hauptmann Ri (Lee) verkörpert, war ein Hauptmann Ri (Lee) im Werden. Mit seiner schweigsamen Typenidentität und seiner steinernen Persönlichkeit, die der des Hauptmanns ähnelt, war er auf dem Weg, der nächste Hauptmann Ri (Lee) zu werden. Die Unbekümmertheit seines Charakters und die Rücksichtnahme auf sein gutes Aussehen machten ihn noch liebenswerter und beliebter. Seine Darstellung und sein Wesen scheinen eins zu sein. Man wird es kaum schwierig finden, zu erkennen, wo Park Kwang Beom verschwunden und Lee Shin-young in der Serie aufgetaucht ist.

Schließlich hat **Tang Joon-Sang**, der den sanften Lance-Corporal Geum Eun-Dong spielte, seine Darstellung der schlichten Unschuld als jüngstes Mitglied der Truppe beigesteuert. Er hat einen sehr jungen Charakter, und seine Darstellung der Sehnsucht nach seiner Mutter war sehr herzerwärmend. Seine Szenen mit Ri Jeong Hyeok während eines Computerspiels sind einfach großartig! Seine Zärtlichkeit, mit der er seine Zeilen direkt aus dem Herzen sprach, glänzte in der Serie. Einem solchen Schauspieler mit einer enormen Leidenschaft für die Schauspielerei steht eine wirklich glänzende Zukunft bevor.

Als Gruppe war es immer ein Quell der Freude, ihre Szenen zu sehen, wie sie Offenheit für jemanden wie Yoon Se-ri ausstrahlen, der aus dem entgegengesetzten Land, dem Süden, stammt. Während jeder Charakter sehr unterschiedlich war, war ihre Kombination als Team sehr entwaffnend und inspirierend. Sie hatten unterschiedliche Meinungen, aber irgendwie fanden sie Wege, ihre Ziele als ein solides Team zu erreichen. Sie sorgten als Gruppe für Spaß, egal wo sie waren - in Nord- oder Südkorea. Diese vier waren unbestreitbar die Lieblinge der Zuschauer, da sie die Authentizität ihrer jeweiligen Persönlichkeiten darstellten. Koreanische Dramen sind bekannt dafür, eine zuverlässige Truppe zu haben, aber dieses unerschütterliche Team aus dem Norden wird als Top-Favorit in die Geschichte eingehen. Zweifellos wünschten sich die Zuschauer, dass es eine solche Mannschaft auch in ihrem eigenen Leben gibt.

Die standhaften Ajummas des Nordens

Eine Gruppe von einheimischen Damen aus dem nordkoreanischen Dorf beherrschte das tägliche Leben in der Nachbarschaft. Angeführt wurden sie von Nam Jung-Nan, die die Frau des Oberst Ma Young-Ae spielte. Sie galt als die Anführerin und beliebteste Dame im Dorf und genoss höchsten Respekt und Unterwürfigkeit. Nam Jung-Nan spielte gut als das "Oberhaupt", das von den anderen Ajummas verdientermaßen auf das Podest gestellt wurde. Sie bewies auch, dass sie als Anführerin verdient ist, da ihr Urteilsvermögen sie in Zeiten der Schwierigkeiten leitete.

Kim Sun-Young bewies ihr schauspielerisches Können und gewann sogar den Baeksang 2020 als beste Nebendarstellerin im Fernsehen, sie stellte Na Wol-Suk dar. Sie ist die kompromittierende Dorfvorsteherin und eine der skeptischen Ajummas, die Yoon Se-ri verschmäht, nachdem sie erfahren hat, dass sie die Verlobte von Hauptmann Ri (Lee) ist. Sie und Cha Chung-Hwa (der Yang Ok-Geum spielte) hatten einige unbestreitbare Sidesplitting-Comedy, wie z.B. als sie Hauptmann Ri (Lee) melden, dass Se-ri vermisst wird und die unbezahlbaren Reaktionen auf ihren Gesichtern, als er schnell losrennt, um Yoon Seri zu finden. Jang So Yeon glich die Schalkhaftigkeit der Gruppe aus, indem sie die sanfte und gutherzige Ajumma Hyeon Myeong-Sun spielte, die auch die Frau des Abhörspezialisten Man Bok ist. Sie gab jeder zynischen Äußerung der Gruppe stets einen positiven Dreh, der das Team irgendwie im Gleichgewicht hielt.

Sie verbrachten einige herzliche Zeiten mit Se-ri, wenn sie Bier in ihr

Haus brachten, nachdem der Verlobte von Kapitän Ri (Lee) aufgetaucht war, oder wenn Yoon Seri die "Abschiedsfrisur" frisierte. Sie kauften zusammen Klamotten ein, und wenn sie auf den Markt gingen und am Ende alle Sachen aus dem Pfandhaus schleppten, prägten sich alle tolle Erinnerungen ein. Irgendwann wurden sie alle mit Yoon Se-ri warm. Es war ein herzzerreißender Moment, als sie erfuhren, dass Se-ri jedes ihrer Gesichter auf dem Titelbild ihrer Kosmetiklinie abgebildet hat, um sie wissen zu lassen, wie sehr sie sie vermisst. Stellen Sie sich den Tumult vor, wenn die Ajummas in Zukunft jemals ihren Fuß nach Südkorea setzen.

Der große Spion aus dem Norden - Kim Young-Min

als Jong Man Bok

Die raue und herzliche Darstellung von Kim Young-Min, der den feigen und willensschwachen Jong Man-Bok spielt, ist auch eine für die Bücher. Der Abhörspezialist war ein Freund des Bruders von Hauptmann Ri (Lee), Ri Mu-Hyeok. Obwohl er in den Tod seines Freundes verwickelt war, da er der Abhörspezialist war, der ihn überwachen sollte. Sein lebenslanges Dilemma, ein passiver Komplize der Verbrechen der Cho Cheol Gang zu sein, bedrückte ihn. Bis Man Bok Hauptmann Ri (Lee) traf und sah, dass ihm das gleiche Übel angetan wurde wie seinem Bruder, fand er dann den Mut, sich seiner Untat zu stellen und dem Tod seines Freundes (Mu-Hyeok) Gerechtigkeit widerfahren zu lassen. Sein Charakter hatte die meisten Nöte in der Serie, der am Ende auch zu Recht erlöst wurde. In der Tat eine organische Darstellung eines so konfliktreichen Charakters mit einem Hauch von dramatischem Flair.

Der gerissene Schurke aus dem Norden - Oh Man-Seok

als Cho Cheol Gang

Oh Man-Seok, der abseits des Bildschirms als lustiger Kerl bekannt ist, war der authentisch bemerkenswerte Bösewicht in der Serie. Seine Darstellung des skrupellosen Cho Cheol Gang ließ das Publikum mit dem Wunsch zurück, dass Kapitän Ri (Lee) und Yoon Se-ri über seine bösen Pläne siegen. Obwohl seine Hintergrundgeschichte als Waisenkind dazu führte, dass er machthungrig war, ließ seine Darstellung als ultimativer Bösewicht das Publikum an seinen abscheulichen Charakter glauben. Der Tod von Man-Seok wird als gerechte Strafe gesehen. Nur eine durch und durch überzeugende Darstellung kann die Zuschauer dazu bringen, einen Bösewicht so sehr zu hassen, und genau das hat Oh Man-Seok geliefert. In einem seiner Interviews für die Serie erinnerte er das Publikum daran, dass sein Charakter nur Fiktion ist und seiner realen Identität nicht ähnelt.

Image source credit to TvN |Oh Man-Seok marvellously portrayed the master villain in the series.

Se-ri's Loyales Trio aus dem Süden

Ko Kyu-Pil (Hong Chang-Sik, Manager), Lim Chul-Soo (Park Su-Chan, Versicherungsagent), Kwon Dong-Ho (Einkaufsleiter)

Der Kreis von Yoon Se-ris Loyalisten ist eine weitere Gruppe von Schauspielern, die die Serie so liebenswert und wohltuend macht. In Se-ris Leben gab es keine engen, vertrauenswürdigen Beziehungen, aber dieses Trio erwies sich als die unfehlbarste Gruppe von Charakteren, auf die sie sich verlassen konnte und die auf sie aufpassten. Als sie vermisst wurde, suchte diese Gruppe weiter nach ihr und riskierte ihr Leben/ihre Arbeit, um ihr die nötige Unterstützung zukommen zu lassen, sogar gegen den Willen einiger von Se-ris Verwandten. Ko Kyu-Pil, der als Se-ris Manager auftritt, ist für die perfekte Ausführung seiner gepokerten Dialoge zu loben, die unbestreitbar urkomisch waren. Die wunderbare Darstellung des Trios sorgte für eine dringend benötigte Verschnaufpause in der zweiten Hälfte der Serie, in der die Gefahr für das Hauptpaar zu real wurde.

Die phänomenale Mutter und der temperamentvolle Onkel aus dem Norden - Jang Hye-Jin und Park Myoung-Hoon

Jang Hye-Jins Darstellung als Ko Myeong-Eun, eine wohlhabende nordkoreanische Kaufhausbesitzerin und Mutter von Seo Dan, war einfach nur fabelhaft. Sie ist die ultimative vernarrte Mutter, die zu Recht das Beste und Schönste für ihre Tochter will, einschließlich ihrer Heirat mit dem Sohn einer Militärfamilie. Ihr Bruder, Ko Myeong-Seok, gespielt von Schauspieler Park Myoung-Hoon, war ihre Quelle für die dringend benötigte Erdung. Als hochrangiger Beamter im Militär war er ein gutmütiger Onkel und ein lobenswerter Vorgesetzter für Hauptmann Ri (Lee). Seine praktische Sicht der Dinge glich den Maßstab seiner Schwester aus, vor allem bei Angelegenheiten, die Seo Dan und Ri Jeong Hyeok betrafen. Diese beiden bieten einige der lustigsten Szenen in der Serie: die Dinnerszene in Dans Haus, einschließlich der Art und Weise, wie der Onkel Ri Jeong Hyeok in die Wohnung schleppt und die Wahl der Mutter, was sie für den bevorstehenden Besuch ihres zukünftigen Schwiegersohns anziehen soll. Beide Schauspieler waren frisch von ihrem Sieg als Teil des Besten Ensembles für den Film "Parasite" bei den Oscars 2020. In "Bruchlandung auf dir" ist ihr Beitrag am sichtbarsten, da sie ihre Charaktere in überlebensgroße Persönlichkeiten verwandelten, die das Publikum in der Serie zu verehren begann. Diese beiden formidablen Schauspieler zeigten, dass ihre Charaktere und reale Persönlichkeiten in ihnen koexistieren - Persönlichkeiten, die nach dem Ende der Serie schrecklich vermisst werden.

Der formidable General und die gutherzige Mutter aus dem Norden - Jeon Kuk-Hwan und Kim Yun-Hui

Der respektable Senior-Schauspieler Jeon Kuk-Hwan hat in der Vergangenheit schon viele Rollen gespielt, aber in "Crash Landing On You" brachte er trotzdem eine neue und aufregende Leistung. Sein Charakter, Ri Chung-Ryeol, der Vater von Hauptmann Ri (Lee), legt großen Wert auf seine militärische Position. Er musste seine Prioritäten sortieren, als das Leben seines einzigen verbliebenen Sohnes auf dem Spiel stand. Seine erste Konfrontation mit Yoon Se-ri war herzzerreißend und verwandelte eine angespannte Situation in eine heitere. Am Ende siegte die Liebe seines Charakters zu seinem Sohn, und er wurde zum ultimativen Retter, wenn auch teilweise auf Drängen seiner geliebten Frau.

Währenddessen erweckte Kim Yun-Hui Jung Ae-Ri perfekt zum Leben. Eine weitere angesehene ältere Schauspielerin, sie spielte die Mutter von Ri Jeong Hyeok und die Ehefrau und den moralischen Kompass von CHung_Ryeol. Ihre zarte Art war perfekt für ihren nachsichtigen Charakter. Sie entfesselte ihre Frauenpower, wenn es darauf ankam, z.B. wenn sie ihren Mann daran erinnern musste, was im Leben wichtiger ist. Die sympathische und liebevolle Haltung ihres Charakters kam zum Vorschein, als sie sich um Yoon Se-ri kümmerte, von der sie instinktiv wusste, dass sie einen Platz im Herzen ihres Sohnes hat. Es war so glaubhaft, dass Ri Jeong Hyeok diese mitfühlende DNA von ihrer Mutter in dieser Serie bekommen hat.

Die verstrickte Chaebol-Familie aus dem Süden

Im Gegensatz zu den warmherzigen Erfahrungen, die Yoon Se-ri in dem nordkoreanischen Dorf machte, spiegelte ihre südkoreanische Familie das Gegenteil wider. Die häufig dargestellte Dynamik eines Machtkampfes in wohlhabenden Familien führt zu großen Spannungen innerhalb der Familie. Diese Schauspielerinnen und Schauspieler zeigten uns die komplexe Natur von Erbschaftskämpfen innerhalb einer wohlhabenden Familie. Yoon Se-ris Vater, Jeung-Pyeong, gespielt von Nam Kyung-Eup, wählte auf unorthodoxe Weise Yoon Se-ri als seinen Nachfolger anstelle seiner beiden Söhne aus. Diese kompetenzbasierte Entscheidung führte dazu, dass seine Brüder, Yoon Se-Jun, gespielt von Choi Dae-Hoon, und Yoon Se-Hyeong, gespielt vom Schauspieler Park Hyoung-Soo, ihre Ressentiments ihr gegenüber verstärkten. Auch die beiden Ehefrauen (gespielt von Hwang Woo Seul und Yoon Ji-Min) drängen ihre Ehemänner zu schlimmeren Taktiken, um die begehrte Macht zu erlangen.

Währenddessen hatte die Mutter, Han Jeong-Yeon, gespielt von Pang Eun-Jin, eine komplizierte Beziehung zu Yoon Se-ri. Sie ist nicht ihr leibliches Kind und eine Erinnerung an die Untreue ihres Mannes. Am Ende hat sie eine Kehrtwende vollzogen und ihre Liebe zu Yoon Se-ri wieder in Ordnung gebracht. Sie alle stellten ihre jeweiligen Charaktere mit viel Leidenschaft dar und vermittelten dem Publikum Freude, Tränen, Wut, Hoffnung und Liebe, was "Crash Landing On You" zu einer wirklich berührenden Serie machte.

* * *

Four

Der raffinierte Geschmack des Regisseurs

"Man kann mit Sicherheit davon ausgehen, dass das, was wir in "Crash Landing On You" gesehen, gehört und gefühlt haben, alles ein Produkt von Regisseurin Lee Jung-Hyo's raffiniertem Geschmack war."

Während Profis und Spezialisten den Regisseur bei diesen kreativen Aspekten unterstützen, gibt der Regisseur in erster Linie die Gesamtrichtung und Vision vor. Elemente des Produktionsdesigns, des Schnitts, der Kinematografie, des Musik- und Sounddesigns und andere Teile der TV-Produktion müssen alle vom Regisseur abgenickt werden. Er ist derjenige, der für alles, was die Serie betrifft, Lob oder Tadel erhält. Daher spiegeln diese alle die Entscheidung des Regisseurs in Zusammenarbeit mit jeder Abteilung wider.

Die Kinematographie war eine sehr schöne für die Augen. Selbst in der nordkoreanischen Kulisse reichte die sanfte Beleuchtung aus, um die Szenen aufzulockern und die Authentizität einer gefährlichen Atmosphäre zu erhalten. Die Drehorte in der Schweiz waren eine solche Schönheit. Diese fingen die Schönheit der Alpen und die prächtigen Farben der Berge, des Grüns und des Sonnenlichts zusammen ein. Es gab leuchtende Farbtöne und schmeichelnde Blitze, die effektiv ein Gefühl von Optimismus in einem ansonsten gefährlichen Szenario vermittelten. Die Schlussszene wurde durch die atemberaubende Aufnahme des Schauplatzes perfektioniert, den niemand je vergessen wird und der das Finale der Serie exquisit gemacht hat.

Bildquelle: Netflix: Szene an der Demarkationslinie (DMZ), in der viele filmische Aufnahmen gezeigt wurden, die zur intensivsten Szene der Serie führten

Es gibt viele mittlere Nahaufnahmen (MUC) und Nahaufnahmen (CU), was gut ist, da immer mehr Leute den Film auf ihren kleinformatigen Handys anschauen. Es ist ein Fest für die Augen, wenn es auf einen riesigen TV-Bildschirm projiziert wird. Die Szene im Finale, in der Yoon Se-ri mitten in der DMZ auf Ri Jeong Hyeok zu rennt, ist ein Beispiel dafür. Sie setzte die bewegte Kamera so gut ein, dass der Zuschauer das Gefühl hatte, mit ihr in Verzweiflung zu rennen. Die Szenenfolge hatte cineastische Züge, indem sie u.a. Tiefenschärfe und bewegte Aufnahmen verwendete. Die Luftaufnahme in dieser DMZ-Szene in der finalen Episode war fast wie ein Kunstwerk. Sie erdete die Zuschauer in der Realität, dass zwei Welten nicht bereit sind, in absehbarer Zeit miteinander verbunden zu werden. Sie führte zur intensivsten Sequenz in "Crash Landing On You".

Eine weitere Szene, die einen visuellen Leckerbissen darstellte, war die Szene unter den Sternen. Ri Jeong Hyeok bewegte Se-ri's Kopf, um sich an ihn zu lehnen, während sie vor einem Lagerfeuer schlief. Sterne pfefferten den Himmel, und das Feuer in der Mitte war wie ein Gemälde selbst.

Der Schnitt leistete hervorragende Arbeit, da der zusammenhängende Fluss der Sequenzen jede Verwirrung für die Zuschauer vermied. Der Einsatz der Zeitlupentechnik betonte die dramatische Wirkung bestimmter Szenen. Als Hauptmann Ri (Lee) aus dem unterirdischen Büro auftaucht, in dem er von der Polizei verhört wird, ist ein gutes Beispiel. Oder die ikonische Zeitlupe, als er auf dem Motorrad fuhr und direkt auf den LKW zusteuerte, der im Begriff war, Yoon Se-ri's Auto zu rammen.

Es war brillant, eine Geschichte innerhalb einer Geschichte zu erzählen, und der Schnitt machte einen großartigen Job, der den Zuschauer nie verwirrte. Sogar das Einfügen dieser kostbaren Epiloge war so großartig, weil das die Geschichte bereichert hat. Das letzte Wort in einer Szene wird geschickt sofort mit der nächsten Szene verbunden, z.B. als Ri Jeong Hyeok den beiden Soldaten, die etwas anderes glaubten, gestand, dass er eine Verlobte hat. Die nächste Szene schwenkte auf die Ankunft der Verlobten am Flughafen. Der Schnitt packte die Zuschauer am Anfang, nahm sie mit auf eine schöne Fahrt der Emotionen und Schauplätze und riss sie am Ende von den Füßen.

Die Serie hatte nicht diese langen Einstellungen einer einzelnen Szene, die offen gesagt mehr schaden als nützen, da sie den Schwung und die Momente der Langeweile unterbrechen. Weil diese Einstellungen sich auf eine Szene (normalerweise eine Kussszene) für 15-30 Sekunden konzentrieren, wird der Zuschauer aus der tiefen Verankerung in der Geschichte herausgerissen, um plötzlich festzustellen, dass diese Szene nicht mehr glaubwürdig ist. Durch den Verzicht auf lange Takes fühlte sich "Crash Landing On You" sehr modern und am Puls des Publikums an. In der heutigen Zeit behaupten die Menschen, dass sie keine Zeit für so viele Dinge haben. Unnötig lange Fokussierungen auf eine Szene lassen den Zuschauer angesichts der 20 Stunden, die man in eine komplette reguläre TV-Serie investieren muss, die Zeitverschwendung spüren. Der Zuschauer mag denken, dass seine Zeit vom Regisseur gut geachtet wird, indem er auf mühsame lange Takes verzichtet. Da "Crash Landing On You" solche nicht hatte, blieb der Zuschauer über die 16 Episoden hinweg orientiert und emotional eingebunden.

Am Ende lieferte "Crash Landing On You" genau das, eine Erfahrung jenseits aller Erwartungen. Sowohl ein unerfahrener koreanischer Drama-Zuschauer als auch ein regelmäßiger koreanischer Drama-Fan waren von dieser Serie fasziniert. Außerdem ist das alles zu Recht der Verdienst von Regisseur Lee Jung-Hyo, der uns mit seinem raffinierten Geschmack ein Meisterwerk des Geschichtenerzählens schenkte, das wir nur bewundern und lieben können.

* * *

Five

Fesselnde Musik & Soundtrack

Während die Optik und die Dialoge von "Crash Landing On You" an ein Fantasy-Rom-Com-Drama erinnerten, stand der Soundtrack der Serie auf der Seite des gefühlsbetonten Scores. Der musikalische Score und das Sounddesign gehen auf das Konto der legendären Nam Hye-Seung und Park Sang-Hee. Die beiden musikalischen Genies waren wirklich verantwortlich für eimerweise vergossene Tränen beim Anschauen dieser Serie und all die zukünftige Nostalgie, wann immer man diese Songs hört.

Einige der anderen Musiker und Künstler, die Songs beigesteuert haben, sind wie folgt:

'Sigriswil' ist zweifellos der magische Song der Serie, gefühlvoll vorgetragen von Kim Kyoung-Hee. Es war der Intro-Song, der die Unbeschwertheit der Serie andeutete. Aber derselbe Titelsong, wenn auch in seiner verlängerten Version, stellte in der allerletzten Szene der Finalepisode die Gefühle mit seltsamer Sehnsucht auf den Kopf. Inmitten der wunderschönen Kulisse der Schweizer Alpen zog dieses Lied die Zuschauer in seinen Bann, als Ri Jeong Hyeok Se-ri eng an sich drückte, aber weit in die Ferne blickte und fast ein wenig erleichtert in die Zukunft sah. Dieses Lied verweilte in der Tat und weckte in uns den Wunsch, mehr von dem Paar sehen zu wollen. Es ging so weit, dass es die Zuschauer davon abhielt, sich emotional von der Serie und den Charakteren, die sie zu lieben gelernt hatten, in die harte Realität zu begeben, dass diese Serie mit dem Ende des Liedes zu Ende geht. Sigriswil war erhaben, eindringlich und beschwor die Sehnsucht, zusammen zu sein, Seite an Seite.

Das Lied 'Hill of Yearning' von April 2nd begleitete die Szene, in der der Waisenjunge das von Se-ri gegebene Essen brachte und seine jüngere Schwester fütterte, was unbestreitbar das Herz in eine traurige Realität drückte.

Während das Lied "Flower", gesungen von Yoon Mi-Rae, erklang, als Kapitän Ri (Lee) der Tomatenpflanze zehn schöne Worte vortrug, die den Zuschauer nachdenklich und sehnsüchtig stimmten. Das gleiche Lied begleitete Hauptmann Ri (Lee) und Se-ri beim Absprung mit dem Fallschirm, um dem Militär zu entkommen. Als Hauptmann Ri (Lee) auf dem Marktplatz nach Se-ri suchte, während er eine brennende Duftkerze in der Hand hielt - die Zuschauer nahmen sicherlich Anteil an dieser romantischen Stimmung. Das Lied erklang auch, als Ri Jeong Hyeok seine Gefühle für Se-ri erkannte und sich diese eingestand, während er sie im Schlaf ansah.

Bildquelle: Netflix | "Sunset" spielte mit dieser Drohnenaufnahme und evozierte so viel Gefühl der Einsamkeit an diesem Punkt der Geschichte, als beide Hauptfiguren sich ineinander verliebt haben.

Als das Lied "Sunset" von Davichi gespielt wurde, verbreitete es eine gewisse düstere, aber dennoch romantische Atmosphäre, als Kapitän Ri (Lee) zum Sternenhimmel hinaufschaute, während sie beide vor einem Lagerfeuer saßen, während Se-ri's Kopf auf seinen Schultern ruhte. Als sich das Lied zur fahrenden Zugszene auf einer Luftaufnahme eines Sonnenaufgangs ausweitete, verströmte das Lied Hoffnung für das Paar inmitten der ungünstigen Situation. Die gleiche Musik erklang, als Kapitän Ri (Lee) Yoon Se-ris Bitte um eine Umarmung statt eines Händedrucks zurückwies und Se-ri mit gebrochenem Herzen ging.

Währenddessen umrahmte das Lied 'Here I am Again' von Baek Yerin das Paar bei ihrem ersten Kuss am Set im Krankenhaus inmitten des fallenden Regens und beim gemeinsamen Anblick der Stadtsilhouette beim ersten Schnee in Pyongyang.

Das "Lied für meinen Bruder" war das besondere Lied, das die Zuschauer immer daran erinnern wird, wie Ri Jeong Hyeok am blaugrünen See Klavier spielt. Es ist auf seine Weise ikonisch. Genau in diesem Moment rettete das Lied auch Yoon Se-ri aus ihrer Depression und dem Verzicht auf ihren Wunsch, sich der Euthanasie zu unterziehen. Kein Wunder, dass viele Zuschauer dieses Lied auch spielten, wenn sie nicht schlafen konnten, da Ri Jeong Hyeok es für den gleichen Zweck für Yoon Se-ris Schlaflosigkeit aufgenommen hatte.

Die restliche Geräuschkulisse und die Musik waren wunderschön gestaltet und veredelten die Emotionen in jeder Szene, die sie begleiteten. Es ist eines der herausragendsten akustischen Designs, die für ein koreanisches Drama geschaffen wurden. Ich habe gehört, dass jemand in einen PTSD-Modus (posttraumatische Belastungsstörung) eingetreten ist, wann immer er irgendein Lied aus dem Soundtrack hört. Nicht nur ein Lied oder ein Geräusch, sondern alle Klänge in der Serie gingen wirklich in unsere vordersten Gefühle ein und brachten eine reiche emotionale Erfahrung, die sonst nur durchschnittlich wäre. Das Sounddesign von "Crash Landing On You" hat die verschiedenen Emotionen der Geschichte auf unverwechselbare und einprägsame Art und Weise hervorgehoben.

Six

Hoher Produktionswert

Sorgfältiges Produktionsdesign

Das Produktionsdesign beinhaltet alles, was die Zuschauer auf dem Bildschirm sehen werden. Es umfasst kleine und große Dinge in Bezug auf Schauplätze, Sets, Kostüme und Make-up und andere Dinge, die verwendet werden, um eine Welt zu erschaffen, in der die Geschichte spielt.

In "Crash Landing On You" vermittelte es dem Publikum ein kaum gesehenes Leben in einem nordkoreanischen Militärdorf und wie sich Pjöngjang von einer Stadt wie Seoul unterscheidet. Berater, die nordkoreanische Überläufer waren, unterstützten das Produktionsdesignteam, was zu einer authentischeren Darstellung von Land, Leuten und Lebensweise führte. Die Zuschauer haben eher unzureichende Kenntnisse über Nordkorea, und das Produktionsteam nahm es ernst, um die Authentizität zu erhöhen. Nordkorea wird immer noch als ein gefährlicher Ort für Nicht-Einwohner dargestellt, aber die Serie charakterisiert es auch als einen Ort wie jeden anderen auf der Welt, mit einer Mischung aus guten und nicht so guten Menschen. Die Nuancen des alltäglichen Lebens in dem Militärdorf waren wimmelnd und brachten den Zuschauern das arme Leben auf dem Lande nahe, jedoch mit ähnlichen Werten, die auf Familie und Gemeinschaft gelegt werden. Als Yoon Se-ri sich an das tägliche Leben im Dorf anpasste und sich der Gunst der

Ajummas anschloss, fühlte sich auch das Publikum zu Hause.

Das visuelle Design war ebenfalls einflussreich, um das zentrale Thema und die unterschiedlichen Töne der Serie zu etablieren. "Crash Landing On You" ist eine Liebesgeschichte, die sich aus Fantasie, Komödie, Action und dramatischen Szenen zusammensetzt, aber mit den beiden Hauptleitmotiven der Unbeschwertheit und des Prekariats. Die Kulissen der nordkoreanischen Dörfer waren von Natur aus dunkel und verwendeten hauptsächlich Erdtöne, um die ländliche Atmosphäre widerzuspiegeln. Um jedoch die Leichtigkeit der Serie zu unterstreichen, wurde die Inszenierung mit roten, blauen, grünen und gelben Farben besprenkelt, die von den Dorfbewohnern getragen werden oder als Kulissen in den Dorfhäusern oder auf den Märkten dienen. Kräftige Farben pfeffern es nicht übermäßig, aber genug, um die dunklen Schattierungen abzumildern, die dem Standort des Militärdorfs eigen sind.

Bildquelle: Netflix | Hoher Produktionswert mit mehreren internationalen Drehorten, die für die Serie verwendet werden.

Die Schweiz-Szenen hoben den Produktionswert der Serie. Viel Freude bereiteten den Zuschauern die gut ausgearbeiteten Hintergründe von diesem Drehort. Das Kostümdesign und das Make-up für die jüngeren Versionen der Hauptdarsteller in diesen Szenen waren gut aufeinander abgestimmt und bildeten ein einheitliches Ganzes. Kein anderer Schauplatz wurde so hoch geschätzt wie die in der Schweiz gedrehten Szenen. Die Szenen waren ein beeindruckendes Schauspiel der Schweizer Alpen, da der natürliche Hintergrund die romantische Stimmung unterstrich. Sie bot die perfekte visuelle Gestaltung für das Happy End der Serie. Die letzten fünf Minuten des Finales waren frei von jeglichem Wortgeklingel. Stattdessen reihten sich alle visuellen Hinweise nahtlos aneinander, um das märchenhafte Happy End zu liefern - von einer Reihe von Fotos, die im Inneren der unbestreitbar bewohnten Villa gezeigt wurden, bis hin zum Picknick, das draußen stattfand, um den Sonnenuntergang über dem See am Hügel zu beobachten. Alles wurde mit visueller Design-Magie umgesetzt.

Seo Ji-Hye gewann sogar den 2020 Baeksang's Most Stylish Award für Seo Dan in "Crash Landing On You". Außerdem fiel allen die Kinnlade herunter, einschließlich der von Se-ri, als Kapitän Ri (Lee) im Kaufhaus verschiedene Anzüge anprobierte. Das Styling bereitete den Zuschauern Freude. Se-ris abgeschwächte Outfits während des Dorfes waren immer noch sehr stilvoll. In der Tat trugen diese dazu bei, dass Schauspieler wie Hyun Bin und Son Ye Jin ihre jeweiligen Charaktere durch das Styling während der gesamten Serie massiv aufwerten konnten.

* * *

Seven

Jenseits der Liebesgeschichte

"Crash Landing On You" konzentrierte sich hauptsächlich auf die Liebesgeschichte, die sich darum dreht, Yoon Se-ri zurück nach Seoul zu bringen. Dennoch berührte der Film relevante Themen und zeitlose menschliche Werte.

Psychische Krankheit

Beide Protagonisten litten unter verschiedenen Stufen von Depressionen und Traumata. Yoon Se-ri erreichte sogar einen Punkt, an dem sie ihr Leben durch Euthanasie beenden wollte. Auf der anderen Seite führte Ri Jeong Hyeoks Überlebensstrategie zu einem Leben ohne jeden Sinn und Wärme. Beide litten unter traumatischen Ereignissen in ihren jungen Jahren. Außerdem lebten beide, bevor sie sich trafen, ein Leben ohne jede sinnvolle Beziehung.

Bildquelle: Netflix | Diese Szene bezieht sich auf den Moment, in dem die Hauptfigur, Yoon Se-ri, beschließt, zu leben.

Die Bedeutung der Familie

Die Serie zeigte auch, wie wichtig die Unterstützung der Familie ist. Yoon Se-ri hatte eine nicht unterstützende Familie aufgrund des komplizierten Machtkampfes in den ultra-reichen Familien. Im Gegensatz dazu unterstützte Ri Jeong Hyeoks Familie ihn, genauso wie Seo Dans Mutter und Onkel mitfühlend und ermutigend waren. Auf der anderen Seite war Gu Seung-Jus Familie in seinem Leben nicht präsent. Die Geschichte signalisierte, dass Familie überall gefunden werden kann, nicht nur innerhalb einer Blutsverwandtschaft. Die vier Militärs wurden für Yoon Se-ri mehr als eine Familie und riskierten sogar einmal ihr Leben, um sie zu retten.

Die Bedeutung der Gemeinschaft

In ähnlicher Weise zeigte die Serie, dass das Engagement mit den Nachbarn im Militärdorf den Aufenthalt von Yoon Se-ri nicht nur erträglich, sondern auch lustig und sinnvoll machte. Auch wenn es vielleicht nicht perfekt und nicht einfach ist, mit Menschen außerhalb des Hauses auszukommen, bringt es sicherlich mehr Farbe ins Leben.

Verschiedene Kulturen respektieren

Mit einem im wirklichen Leben drohenden Krieg zwischen Nord- und Südkorea hat diese fiktive Geschichte bewiesen, dass die Menschen am Ende vielleicht mehr Gemeinsamkeiten haben, bei denen sie sich einig sind, als bei denen sie sich nicht einig sind. Man kann sogar aus einer unwahrscheinlichen Situation heraus Unterstützung und eine echte Beziehung finden.

Starke Frauen

"Crash Landing On You" zeigte die Hauptcharaktere als mächtige Frauen. Yoon Se-ri, Seo Dan, alle Mütter, die Ajummas und sogar die Schwägerinnen - alle wurden als unverzichtbare, moderne Frauen charakterisiert. Sie waren alle kämpferisch, klug, fähig, unabhängig und eine den Männern ebenbürtige Kraft. Sie ist einflussreich in Richtung mehr Anerkennung des Beitrags der Frauen zur Gesellschaft.

***

Eight

Raum für Verbesserungen

Eine Serienkritik ist nicht vollständig, wenn es nicht auch Verbesserungsmöglichkeiten gibt. Während "Crash Landing On You" ein brillantes Stück unserer modernen Zeit ist, gibt es ein paar Aspekte, die den Verlauf der Serie verändert haben könnten oder auch nicht.

Das Ende

Das Ende von "Crash Landing On You" war der Teil, über den am meisten gesprochen wurde und der am meisten zum Nachdenken anregte. Die Mehrheit der Zuschauer las, dass das Paar nur zwei Wochen im Jahr zusammen verbringen kann. So wurden die übergangslosen letzten fünf Minuten der Finalepisode wahrgenommen. Ein genauer Blick auf die letzten drei Minuten des Finales brachte jedoch viel Klarheit. Die visuelle Gestaltung des Hauses lieferte viele Hinweise darauf, dass es sich um eine andere Zeit handelt als die Konzertszene aus den letzten fünf Minuten. Das Paar befindet sich in der Picknick-Szene im Freien und ist im Vergleich zur Konzertszene nicht mehr diskret. Es ist dann sicher anzunehmen, dass sie glücklich bis ans Ende ihrer Tage zusammen leben und nicht nur zwei Wochen im Jahr.

Diese Behandlung zum Ende der Geschichte bewegt sich auf einem schmalen Grat zwischen einem befriedigenden und einem schlechten Ende. Die Autorin hat in früheren Werken bewiesen, dass sie eine Serie mit einem gewissen Engagement des Publikums abschließt. Sie darf den Schluss nicht diktieren und wird ihn auch nicht sehr offensichtlich machen, wie in der Serie "My Love From The Star". Die Zuschauer können sich über die Bedeutung der Schlussszenen Gedanken machen und somit ihre Interpretation vornehmen. Das kann zu einem unbefriedigenden Gefühl bei den Zuschauern führen, nachdem sie viel Zeit, Aufmerksamkeit und Emotionen investiert haben. Es könnte sich alles plötzlich als Zeitverschwendung anfühlen, weil es sich unklar anfühlt. Manch einer mag denken, wenn ich mir ein Ende ausdenken wollte, hätte ich diese 20 Stunden damit verbracht, meine eigene Geschichte zu schreiben, anstatt diese Serie zu sehen.

Das andere Ergebnis ist das, was den meisten Zuschauern passiert ist. Bei "Bruchlandung auf dir" hatten die meisten Zuschauer das Gefühl, dass es als Serie so großartig war und mit dem "hängenden" Ende war die logischste Bitte, eine zweite Staffel zu haben. Viele mussten sich die Serie noch einmal ansehen, weil sie das Gefühl hatten, nicht weiterkommen zu können. Es verheißt Gutes für die Serie, aber es war in der Tat ein riskanter Schritt, das Ende nicht zu klären und die Reaktion der Zuschauer vorwegzunehmen. Es war eine geniale Anwendung des Zeigarnik-Effekts, dass die Zuschauer nicht mit der Serie weitermachen können, weil sie sich unvollendet oder ungelöst anfühlt.

Berichte unterstrichen eine Gruppe, die eine offizielle Stellungnahme einreichte, die die Verherrlichung Nordkoreas anklagte, was das Ende der Serie beeinflusst haben könnte. Unabhängig davon wurde das Schicksal von "Crash Landing On You" als ein Meisterwerk geschrieben, besiegelt und sicher ausgeliefert.

Die Bruchlandungs-Szene

Wenn es eine Sequenz gibt, die verbesserungswürdig ist, muss es ironischerweise die eigentliche Bruchlandungsszene sein. Obwohl diese Sequenz den Film als Fantasy-Geschichte auszeichnete, hätte die Ausführung besser sein können. Sie fühlte sich im Vergleich zu den meisten anderen ausgefeilten Szenen der Serie deplatziert an. Sie war körnig und wirkte kitschig. Es hätten kreativere Aufnahmen gemacht werden können, um zu zeigen, dass das Unglück im Sturm passiert ist und der Protagonist tatsächlich eine Bruchlandung gemacht hat.

About the Author

Liebt gute, saubere Erzählungen | Liebt Bartlet

Erreichen Sie gnoeypeat@gmail.com, um ein Exemplar von "100 Ways Captain Ri (Lee) Made Hearts Flutter" zu erhalten.

You can connect with me on:

https://www.facebook.com/gnoeypeat